"一带一路"贸易系统复杂性

陈 伟 著

科学出版社

北京

内 容 简 介

作为新时代中国全方位对外开放的重大战略举措和经济外交的顶层设计,"一带一路"已经成为当今世界深受欢迎的国际公共产品和国际合作平台。其中,贸易畅通是"一带一路"建设的重要内容,是"一带一路"倡议与全球多边贸易机制实现有机联动、相互补充的重要接口,也是促进中国与沿线地区开展区域合作、实现经济繁荣发展的重要途径。本书从经济地理、国际贸易等多学科视角出发,综合集成复杂网络、空间分析等研究方法,刻画"一带一路"贸易格局时空演化,剖析"一带一路"贸易网络连通性,识别"一带一路"贸易门户国家,测度"一带一路"贸易网络韧性,探究"一带一路"沿线地区粮食、能源和服务贸易地理演化,在此基础上,提出共建"一带一路"经贸合作的发展对策和建设模式,以期为"一带一路"建设和国际贸易地理的理论发展和政策实践提供科学支撑。

本书可供经济地理、国际贸易、区域经济、国际关系、发展研究等相关领域的研究人员,以及从事经济全球化、经贸合作、国际发展等政府决策者、国际组织及智库机构等阅读参考。

审图号:GS 京(2025)0611 号

图书在版编目(CIP)数据

"一带一路"贸易系统复杂性 / 陈伟著 . -- 北京:科学出版社,2025. 5. -- ISBN 978-7-03-081487-6

Ⅰ . F742

中国国家版本馆 CIP 数据核字第 2025E147C6 号

责任编辑:李晓娟 / 责任校对:樊雅琼
责任印制:徐晓晨 / 封面设计:无极书装

科 学 出 版 社 出版
北京东黄城根北街 16 号
邮政编码:100717
http://www.sciencep.com

北京建宏印刷有限公司印刷
科学出版社发行　各地新华书店经销

*

2025 年 5 月第 一 版　开本:720×1000　1/16
2025 年 5 月第一次印刷　印张:14 1/2
字数:300 000
定价:168.00 元
(如有印装质量问题,我社负责调换)

前　言

　　作为新时代中国全方位对外开放的重大战略举措和经济外交的顶层设计，"一带一路"已经成为当今世界深受欢迎的国际公共产品和国际合作平台。"一带一路"倡议经历了由中国倡议到国际共识、从发展理念到全面行动的巨大转变，成为世界范围内探索全球经济治理新模式、推动构建人类命运共同体的新平台。共建"一带一路"已经走过 10 年发展历程，为世界经济增长注入新动能，为全球发展和国际合作开辟新空间。其中，贸易畅通是"一带一路"建设的重要内容，是"一带一路"倡议与世界贸易组织（WTO）等多边贸易机制实现有机联动、相互补充的重要接口，也是促进中国与沿线地区①开展区域合作、实现经济繁荣发展的重要手段，直接关系到"一带一路"建设的实际成效。因此，系统性剖析"一带一路"贸易连通性、科学解析"一带一路"贸易地理演化规律，成为新时期我国高效推进"一带一路"建设、实现经济高质量发展的客观需要。

　　基于上述背景，本书从经济地理、国际贸易、世界地理、地缘政治等理论视角出发，综合集成空间分析、网络科学、计量经济等技术方法，刻画"一带一路"贸易格局时空演化，剖析"一带一路"贸易网络连通性，识别"一带一路"贸易门户国家，测度"一带一路"贸易网络韧性，探究"一带一路"沿线地区粮食、能源和服务贸易地理演化，在此基础上，提出共建"一带一路"经贸合作的发展对策和建设模式，以期为推动新时期"一带一路"建设高质量发展提供科学支

---

① 本书研究对象为古丝绸之路沿线 65 个国家和地区。

撑。受限于篇幅，本书的主要观点摘要如下：

1）世界政治经济格局变化和技术进步对世界贸易网络影响深远。20 世纪 80 年代以来资本主义的生产方式由福特制向后福特制的转变、新自由主义的推广、数字技术的大规模发展以及发展中国家的崛起对全球贸易空间格局产生了深远的影响，中国的崛起是全球贸易网络变化的重要力量。发展中国家在世界贸易中的地位明显上升，促进世界经济和贸易格局发生重大变化，逐步成为新兴的区域性贸易中心。随着中国经济的快速发展，中国在世界贸易中的地位迅速上升，成为超过美国的世界贸易组团核心。

2）从贸易格局上看，"一带一路"沿线地区贸易规模持续增长，贸易规模整体呈现集中分布态势，各国贸易规模均衡性有所优化。沿线地区进出口贸易格局经历了空间重构，进出口贸易格局较为相似，出口贸易的极化效应相较于进口贸易更为显著；贸易顺差国数量逐年减少，贸易逆差国数量不断增多，贸易差额分布具有一定的地理邻近性。贸易联系集聚特征日益明显，贸易组团化集聚趋势逐步显现且处于动态演化中，形成了三个主要的贸易集聚区域。

3）从贸易网络上看，"一带一路"贸易网络联系持续增加、网络密度不断提升、贸易规模分布空间异质性突出，逐步形成了联系日益紧密、层级结构明显、空间上非均衡分布的贸易格局。"一带一路"沿线地区贸易组团结构存在地理邻近效应，地理距离在全球及区域尺度的国际贸易分工体系演化中依然扮演着重要角色。贸易网络的核心‒边缘结构正在经历结构性调整，核心结构和边缘结构呈现出明显分化，极化效应显著。贸易网络主干结构不断拓展和丰富，呈现出向核心国家集聚的变化趋势。

4）受地理位置、市场经济、国际关系、营商环境和贸易政策等多维因素的叠加影响，"一带一路"贸易门户国家处在动态演变中。中国、俄罗斯、印度、土耳其、新加坡、马来西亚、波兰、匈牙利、罗马尼亚、埃及、以色列和黎巴嫩等贸易大国或占据特殊地理位置的枢纽国家始终具有较高的门户系数，成为"一带一路"沿线地区的门户国家。作为凝聚和支撑"一带一路"贸易体系的功能性节点和战略性枢纽，门户国家在提升贸易网络连通性方面发挥着至关重要的作用，也应成为中国与沿线地区开展经贸合作的优先战略选择。

5）"一带一路"贸易网络节点韧性具有明显异质性，并处于动态演化中，逐渐形成以中国、俄罗斯、印度、土耳其等国家为强韧核心的贸易格局。"一带一路"贸易网络结构韧性总体有所提升，网络结构异质性不断增强。随时间演化，虽然贸易网络连通性大幅上升，但抗毁性呈现出波动下滑态势，网络整体的抗毁能力有所减弱；"一带一路"贸易网络为异配性网络、网络恢复能力较弱，但同配系数逐渐增大，说明网络恢复性逐渐提升；少数具有关键作用的高权重节点和连边对于网络稳健性影响较大，一旦失效将造成整个网络的瓦解和崩溃。

6）"一带一路"沿线地区粮食贸易已经形成一个联系紧密、结构复杂的贸易网络，"一带一路"倡议显著促进了沿线国家间的粮食贸易联系。国家间因粮食供需关系呈现出显著的权力不对称，主要的粮食出口国长期处于核心地位，在贸易网络中控制着更多的关系与资源，而以粮食进口为主的国家贸易地位普遍不高，多处于次边缘或边缘圈层。"一带一路"沿线国家粮食贸易网络核心由相对多元向着极化方向发展，由几个大国主导粮食贸易网络，导致粮食贸易供应链脆弱、抗风险能力较差。未来，各国应落实区域联合治理机制，优化粮食贸易网络结构，增强风险管控能力，保障和促进"一带一路"沿线国家的粮食安全。

7）"一带一路"能源贸易网络连通性持续增强，贸易规模呈现出空间不均衡发展态势，等级结构特征明显。其中，中国和俄罗斯在能源贸易网络中占据核心位置，对整体网络的稳定性有着重要影响。能源贸易网络"核心-边缘"结构显著。一部分节点国家在网络中处于绝对的核心位置，而多数国家在网络结构中处于边缘位置。能源贸易网络主干结构不断壮大，形成了以能源出口大国和能源需求大国之间的贸易流构成的能源贸易网络主干结构。未来，沿线各国应充分发挥国际机构和多边关系在能源贸易体系中的作用，优化能源贸易网络格局，提高能源贸易网络韧性，增强能源资源开发和储备能力，探索可再生能源发展潜力，提高能源安全的风险评估能力，促进能源互联互通，构建"一带一路"能源安全共同体。

8）"一带一路"服务贸易网络联系日益紧密，密度持续增长，规模不断提升，逐步形成了具有显著层级结构、极核突出、空间非均衡分布的网络格局。"一带一路"服务贸易网络形成了 4～5 个组团，组团结构呈现出地理集聚性和碎片化交互特征。服务贸易主干网络以中国为极核，以中国、印度和新加坡为支点，以三国间贸易流构成的三角形区域为骨架，随着时间演化不断拓展和分化。"一带一路"倡议显著增强了沿线国家的凝聚力、发展合力和抗风险能力，各国间服务贸易增长势头和增长韧性显著高于全球整体发展水平，"一带一路"沿线地区在全球服务贸易网络中占据重要地位，核心竞争力、网络控制力和综合影响力日益提升。

本研究获得了国家自然科学基金项目（42130508；41901154）、中国科学院国际伙伴计划项目（067GJHZ2023028MI）等资助，这些资助为研究内容的顺利推进和成果凝练提供了基础保障，并最终汇集凝结形成本书，在此深表感谢。感谢中国科学院地理科学与资源研究所区域可持续发展分析与模拟重点实验室各位同仁长期的关心、指导和帮助！作者衷心希望本书能为"一带一路"建设和国际贸易地理的理论发展和政策实践提供一些有益的参考和借鉴。但受限于学术视野和研究能力，本书仍难免存在疏漏及不足之处，敬请读者批评指正！

陈　伟

2024 年 8 月

目　　录

前言

第1章　全球化与世界贸易格局变迁 ·· 1

1.1　研究背景 ·· 1

1.2　研究方法与数据处理 ·· 2

1.3　世界贸易格局演变的历史阶段分析 ······································ 7

1.4　贸易组团与核心成员国的中心性分析 ···································· 9

1.5　贸易组团演变与中国崛起 ··· 13

1.6　结论与历史启示 ·· 17

参考文献 ·· 18

第2章　"一带一路"贸易格局时空演化 ································· 20

2.1　研究背景 ·· 20

2.2　研究方法与数据处理 ·· 22

2.3　"一带一路"贸易规模演化特征 ·· 24

2.4　"一带一路"进出口贸易格局演化 ····································· 29

2.5　"一带一路"贸易联系集聚形态 ·· 35

2.6　结论与讨论 ··· 40

参考文献 ·· 41

第3章　"一带一路"贸易网络结构连通性 ··························· 43

3.1　研究背景 ·· 43

3.2　研究方法与数据处理 ·· 45

3.3　"一带一路"贸易网络空间格局 ·· 50

3.4　"一带一路"贸易网络组团结构 ·· 54

3.5 "一带一路"贸易网络核心–边缘结构 ·············· 58

3.6 "一带一路"贸易网络主干结构 ·············· 61

3.7 结论与讨论 ·············· 64

参考文献 ·············· 66

第4章 "一带一路"贸易门户国家识别 ·············· 69

4.1 研究背景 ·············· 69

4.2 研究方法与数据处理 ·············· 72

4.3 "一带一路"贸易网络格局演化 ·············· 75

4.4 "一带一路"贸易主干结构演化 ·············· 78

4.5 "一带一路"贸易组团结构演化 ·············· 81

4.6 "一带一路"贸易门户国家演化 ·············· 86

4.7 结论与讨论 ·············· 91

参考文献 ·············· 93

第5章 "一带一路"贸易网络韧性评估 ·············· 96

5.1 研究背景 ·············· 96

5.2 分析框架、方法与数据 ·············· 99

5.3 "一带一路"贸易网络拓扑特征 ·············· 104

5.4 "一带一路"贸易网络节点韧性 ·············· 106

5.5 "一带一路"贸易网络结构韧性 ·············· 108

5.6 结论与讨论 ·············· 115

参考文献 ·············· 117

第6章 "一带一路"粮食贸易网络演化 ·············· 120

6.1 研究背景 ·············· 120

6.2 分析框架、方法与数据 ·············· 123

6.3 "一带一路"粮食贸易格局演化 ·············· 128

6.4 "一带一路"粮食贸易主干网络演化 ·············· 131

6.5 "一带一路"粮食贸易核心–边缘演化 ·············· 137

6.6 讨论及政策启示 ·············· 140

6.7　主要结论 ·· 144

　　参考文献 ··· 145

第7章　"一带一路"能源贸易网络演化 ················ 150

7.1　研究背景 ··· 150

7.2　分析框架、方法与数据 ································· 153

7.3　"一带一路"能源贸易格局演化 ······················ 158

7.4　"一带一路"能源贸易等级结构演化 ················· 162

7.5　"一带一路"能源贸易核心–边缘演化 ··············· 164

7.6　"一带一路"能源贸易骨干网络演化 ················· 169

7.7　讨论及政策启示 ·· 172

7.8　主要结论 ··· 174

　　参考文献 ··· 176

第8章　"一带一路"服务贸易网络演化 ················ 179

8.1　研究背景 ··· 179

8.2　研究方法与数据处理 ···································· 181

8.3　"一带一路"服务贸易网络格局演化 ················· 185

8.4　"一带一路"服务贸易网络组团结构 ················· 188

8.5　"一带一路"服务贸易网络骨干结构 ················· 193

8.6　"一带一路"服务贸易的全球角色变化 ·············· 196

8.7　讨论及政策启示 ·· 202

8.8　主要结论 ··· 205

　　参考文献 ··· 206

第9章　结论与展望 ·· 209

9.1　主要结论 ··· 209

9.2　研究展望 ··· 215

第1章 全球化与世界贸易格局变迁

　　国际贸易迅猛发展是经济全球化时代最为显著的特征之一，世界贸易格局变化一直是经济地理学研究的经典话题。当前世界经济发展不确定性要素增多，"一带一路"建设进入深耕细作的发展阶段，分析20世纪80年代以来国际政治经济局势的转变以及发达国家与发展中国家的地位更替的长尺度变化，不仅有利于揭示世界贸易网络的中长期演变趋势，也将为我国"一带一路"建设提供历史启示。因此，本章基于国际货币基金组织的贸易方向统计数据库（IMF-DOTS），总结1980年以来世界贸易发展的三大历史阶段的基本特征，剖析20世纪80年代以来世界贸易网络中组团及国家地位的演变，在此基础上讨论世界贸易格局变迁对全球政治经济格局的历史启示。

1.1　研究背景

　　国际贸易，作为现代经济的重要组成部分，在经济全球化时代对国家和世界经济发展起到重要作用。国际贸易的全球化与区域化的关系（Kim and Shin，2002），贸易自由化与产业空间集聚发展的关系（Brakman et al.，2006）、国际贸易的公平性（Goodman，2004）、国际贸易的本地市场效应（Crozet and Trionfetti，2008；Pham et al.，2014）和知识扩散效益（Rinallo and Golfetto，2011），以及全球贸易"组团"等空间问题（Poon et al.，2000；于良等，2006；Liu et al.，2018）成为学术界重要的关注议题。

　　随着网络分析方法的发展，越来越多的学者认为世界贸易是由不同国家贸易联系所形成的复杂网络。其中,国家是网络中的节点,而不同国家间的贸易联系可以被看作是节点之间的连线,这些节点与连线共同构成了世界贸易网络。20世纪90年代以来,越来越多的学者开始利用社会网络中的聚类方法识别和划分国际贸易的组团。这些研究形象地刻画并探讨了冷战以来世界贸易网络,尤其是发达国家主导下的贸易组团的空间结构变化及其演变动因。21世纪以来,无论是研究方法还是研究对象,世界贸易网络研究均发生了重大变化。一是社会网络分析指标和社区发现等算法的发展更精准地测度了网络的结构和国家在网络中的地位,以及通过可视化手段更形象地刻画了网络的形态和拓扑性,成为贸易网络中的主流方法。二是以中国为代表的发展中国家的崛起极大地改变了世界贸易格局。三是由于粮食安全以及战略性能矿资源在国家和世界经济发展中的重要性日益凸显,相关行业的贸易网络成为研究的热点。

因此,基于IMF-DOTS,本章尝试构建世界贸易网络数据集,通过提取贸易网络中的Top网络,刻画20世纪80年代以来世界贸易网络的骨干结构,并进行社区发现和中心性的计算,以探讨世界贸易地理的基本格局和演变趋势。当前世界政治经济格局充满不确定性,从中长尺度研究20世纪80年代以来的世界政治经济变革和技术进步,以及发达国家与发展中国家的地位更替对世界贸易格局的影响,对预测世界贸易走势和"一带一路"经贸合作建设具有重要的历史启示。

1.2 研究方法与数据处理

1.2.1 研究方法

(1) 节点中心性

首先,本章对世界贸易网络进行如下定义:

$$N = (V, L, W, W', T) \tag{1-1}$$

式中，V 为所有节点（国家）的集合；L 为所有边（两国间贸易联系）的集合；W 和 W' 分别为表征所有节点属性（国家所拥有的贸易联系数）和所有边属性（两国之间的贸易量总额）的函数的集合；T 为每一个世界贸易网络的年份的集合。

网络分析方法提供了用于描述贸易网络的各类指标。由于本章侧重于探讨贸易网络中国家地位的演变，因此，本章采取节点中心性指标进行研究。虽然这些指标都刻画了节点在网络中的基本地位，但不同的节点中心性指标从不同角度反映了某一国家在世界贸易网络中的作用（表 1-1）。

表 1-1　贸易网络的节点中心性指标

指标	定义	贸易网络中的意义	公式
度中心性（DC）	与本节点直接相连的其他节点的数量	与某国发生贸易联系的国家数量	$C_i^d = \dfrac{d}{n-1}$　其中，d 为节点 i 的度；$n-1$ 为理论上的度中心性的最大值
邻近中心性（CC）	本节点到网络中其他节点的距离总和	某国与其他国家贸易联系距离的总和	$C_i^c = \dfrac{n-1}{\sum\limits_{j \neq i} \delta_{ij}}$　其中，n 为节点数；δ_{ij} 为节点 i 与 j 之间的测地距；$n-1$ 为理论上的邻近中心性的最小值
中介中心性（BC）	本节点处在其他节点相连最短路径中的比例	某国在其他国家的贸易联系中担任"中介者"的比例	$C_i^b = \dfrac{\sum\limits_{j \neq k} \dfrac{\delta_{jk}^i}{\delta_{jk}}}{\dfrac{(n-1)(n-2)}{2}}$　其中，δ_{jk} 为节点 j 与 k 之间最短路径的条数；δ_{jk}^i 为这些路径中经过节点 i 的路径的条数；$\dfrac{(n-1)(n-2)}{2}$ 为理论上的中介中心性的最大值

（2）Top 网络

目前，国内外研究多通过建立贸易网络模型进行社会网络分析，但网络模型的规模过大，不利于展示出清晰的网络结构。因此，越来越多的学者主张采取 Top 网络方法从整个世界贸易网络中抽取出骨干结构，即去掉对分析影响较小的若干贸易联系，以减小大国对小国贸易信息的遮蔽，揭示世界贸易的主要结构（Liu et al.，2018a，2018b；蒋小荣等，2018）。本章采用 Top 网络的方法，即对于每个国家，选择其贸易量排名靠前的贸易联系进行保留并对所有国家的计算结果取并集。也就是说，Top1 网络包含了所有国家各自贸易量最大的贸易联系，Top2 网络包含了所有国家各自贸易量前两名的贸易联系，以此类推。尽管 Top 网络丢失了部分贸易联系，但依然能反映贸易网络的骨干结构。以 2018 年为例，Top1 网络只包含了 1.21% 的贸易联系，但是却占有了 36.69% 的世界贸易量。Top2 网络包含了 2.40% 的贸易联系，但却占据了 51.33% 的世界贸易规模（表 1-2）。

表 1-2　2018 年 Top 网络占全网络的比例　　　　（单位：%）

网络	Top1	Top2	Top3	Top4	Top5	Top10	Top20	原网络
联系数占比	1.21	2.40	3.53	4.65	5.79	11.23	21.71	100.00
贸易量占比	36.69	51.33	60.02	66.73	72.22	85.63	95.52	100.00

图 1-1 反映了 1980 年、1992 年、2008 年和 2018 年四个年份的 Top 网络的联系数与贸易量在全网络中的占比。从 1980 年到 2018 年，Top 网络联系数占比下降，但贸易量占比却保持相对稳定，说明 Top 网络更能反映世界贸易网络的基本格局。考虑到 Top1 网络拥有非常简明的等级制结构，所以本章使用其作为社区发现的对象。

（3）社区发现

社区发现算法常被用于探索网络结构，它是一种利用迭代从而达成

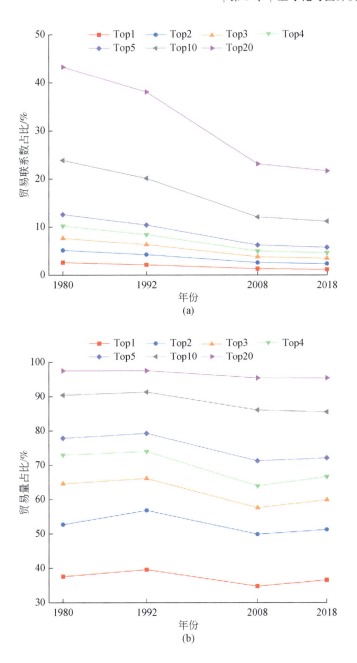

图 1-1　各年份 Top 网络的联系数（a）与贸易量（b）占对应年份全网络的比例

网络的最优分割的数学方法。首先，该方法利用模块度——一种基于社区内与社区间联系数密度的评价社区划分优劣的指标，其数学公式为

$$Q = \frac{1}{2m} \sum_{ij} \left[A_{ij} - \frac{k_i k_j}{2m} \right] \delta(c_i, c_j) \tag{1-2}$$

式中，c_i 和 c_j 分别为节点 i 和 j 所在的社区；δ 为判断两点是否在同一社区内的二值函数，如果 $c_i = c_j$，则 δ 值取 1，否则取 0；A_{ij} 为点 i 与点 j 之间的联系权重；k_i 和 k_j 分别为与节点 i 和 j 相连的边权重之和，$k_i = \sum_j A_{ij}$，为所有包含点 i 的联系权重之和；$m = \frac{1}{2} \sum_{ij} A_{ij}$，为整个网络的总联系权重。模块度是标准化指标，取值区间是 $[-1, 1]$。模块度越大，说明社区分类的效果越好。

其次，本章采取快速展开算法（fast unfolding algorithm），通过反复迭代，模块度达到其最大值，以达到最好的社区分类结果。快速展开算法是当今最常见的网络社区识别的方法之一，该算法适用于数据量较大的网络分析，并在社区划分方面具有更强的准确性，与其他社区发现算法相比，更加简明高效（Blondel et al., 2008），被广泛地应用于贸易网络的社区挖掘中（Zhong et al., 2014）。该算法的基本原理是通过不断移动节点并评估新社区的模块度从而达到社区划分最优。

1.2.2 数据处理

本章所使用的贸易数据来自 IMF-DOTS，该贸易库提供了任意两国间的进出口双边贸易数据。与其他同类型的数据库相比，该数据库的时间跨度大、数据收录全，适合长尺度的分析研究。本章使用两国间的贸易总量作为构建贸易网络的基本数据。根据 DOTS 内的贸易数据格式，贸易总量有多种计算方法，如两国的出口贸易量（FOB）之和、两国的进口贸易量（CIF）之和、任意一国对另外一国的进出口贸易量加和等。由于各国海关对于进口的商品的监控往往要严于出口商品，所以在商品贸易值的统计上，进口贸易值相对于出口贸易值而言也更加精确（Barbieri et al., 2009）。因此，本章主要采用两国进口贸易量之和来代表两国之间的贸易量总值，并通过数据插补核校数据缺失等问题，最终构建世界贸易网络。

1.3　世界贸易格局演变的历史阶段分析

由于主要聚焦中国改革开放以来世界贸易格局的演变，因此，本章研究的时间尺度为 1980～2018 年。综合影响世界贸易和中国经济发展的政治经济和技术重大变革的历史事件，本章将 1980～2018 年的世界贸易发展大致分为三个时期。进入 20 世纪 80 年代后，欧美国家开始推行新自由主义，同时其生产方式由福特制向后福特制转变，以信息和通信为代表的高科技产业兴起，引发了欧美国家向发展中国家，尤其是东南亚国家的产业转移。20 世纪 80 年代中国开始实行改革开放。1992 年邓小平的南方谈话加快了中国市场经济体制建设步伐，1991 年苏联解体，世界进入多极化时代，2001 年中国加入 WTO 等都深刻地影响了世界政治经济格局和分工体系变化。2008 年金融危机、跨区域巨型贸易协定［如《跨太平洋伙伴关系协定》（TPP）、《跨大西洋贸易与投资伙伴关系协定》（TTIP）、“一带一路”倡议等］的提出都对世界贸易格局有着重大的影响。因此本章以 1980 年、1992 年、2008 年及 2018 年作为时间节点划分三大阶段。

第一阶段：新自由主义和“时空压缩”技术的兴起（1980～1992年）。20 世纪 80 年代，世界政治经济和技术发生重大改变，深刻影响了世界贸易格局。英国撒切尔夫人和美国里根总统上台后，开始在全球推行新自由主义，倡导世界贸易和投资的自由化和经济全球化。1986 年，关税及贸易总协定的“乌拉圭回合”开始进行谈判。这一轮谈判强化了多边贸易机制，将农产品与纺织品纳入了自由化轨道，进一步改善了服务贸易和知识产权贸易市场准入的条件，降低了关税水平。与此同时，交通运输和电子通信的进步所代表的“时空压缩”技术深刻地改变了世界劳动分工体系，并对世界贸易格局产生了深远的影响。20世纪70年代末，中国开始实行改革开放，中国经济开始呈现高增长，在世界贸易中的比例不断提高。世界贸易总额从1980年的19 200亿美元增长至1992年的38 700亿美元，年均增长率为6.02%。在这一阶段，中国占世界贸易的比例从1980年的1.99%上升至1992年的5.65%（图1-2）。

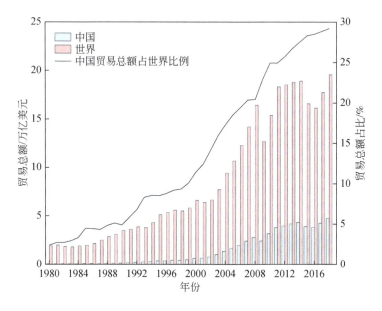

图1-2　1980～2018年世界贸易总额的变化

第二阶段：经济全球化全面加速与区域一体化进程加快（1993～2007年）。1991年苏联解体，标志着冷战的结束和"多极世界"的开始。1995年成立的世界贸易组织（WTO），与世界银行、国际货币基金组织共同推动了经济全球化的进一步发展。随着跨国公司成为国际贸易的重要力量，产业内贸易取代产业间贸易成为这一时期的重要趋势。与此同时，贸易的区域一体化进程也开始加快。欧盟、北美自由贸易区（NAFTA）、南方共同市场（MERCOSUR）、东南亚国家联盟（ASEAN）都在这一时期建立或加强了经贸合作。随着1992年邓小平的南方谈话、社会主义市场经济建设目标的确立和2001年中国加入

WTO, 中国经济实力进一步增强, 中国在世界贸易网络中的地位开始凸显, 开始和东南亚与非洲国家形成贸易组团。2007 年的世界贸易总额为 14.19 万亿美元, 是 1992 年的 3.67 倍。这一阶段世界贸易年平均增长率为 9.91%。中国贸易在 2000 年后表现尤为突出, 在 2000 ～ 2007 年这 7 年间贸易平均增速高达 21.1%。2007 年中国的贸易总额为 2.41 万亿美元, 占世界比重上升至 16.97%, 比 1992 年提高了 10.32%。

第三阶段: 经济全球化放缓与全球经济发展不确定因素增多 (2008 年至今)。2008 年全球经济危机后, 世界政治经济进入大调整、大变革和大转型的时代, 不稳定不确定因素增多。全球经济复苏动力不足, 国家民族主义回潮, 全球化进程受阻, WTO 多哈谈判停滞, 国际贸易投资低迷, 贸易保护主义、孤立主义和逆全球化思潮抬头。近年来, 英国启动 "脱欧" 计划, 美国退出 TPP, 加快 TTIP 谈判, 美国单方面增加贸易进口关税和阻碍 WTO 争端解决机制。与此同时, 新兴市场与发展中国家经济整体性崛起, 成为世界经济增长的重要引擎, 对改革全球治理体系的诉求不断上升。在此背景下, 中国提出共建 "一带一路" 倡议, 积极建设全球自贸区网络, 非洲联盟 (AU) 提出建立非洲大陆自由贸易区 (AfCFTA)。世界贸易在经历了 2008 ～ 2009 年大幅度下滑后, 随后不断波动, 2018 年世界贸易总额达到 19.56 万亿美元。2008 ～ 2018 年世界贸易总额年均增长率仅为 1.75%, 不足上一个阶段的五分之一。尽管这一时期中国的贸易总额也出现了波动, 但其占世界贸易的比例仍不断提高, 从 2008 年的 17.03% 上升至 2010 年的 20.79%, 并在之后保持持续增长, 直至 2018 年的 24.36%。

1.4 贸易组团与核心成员国的中心性分析

Top1 贸易网络呈现明显的等级制结构, 所以可使用社区发现来分析世界贸易网络的基本格局。按照所选择的四个年份, 本章使用 Gephi

软件计算当年的模块度与社区数量。为了简洁起见，本章使用每个社区中度中心性最大的国家的名称作为该组团（社区）的名称（表1-3）。

表1-3 1980年、1992年、2008年和2018年的组团数量与模块度

项目	1980年	1992年	2008年	2018年
社区数量/个	10	17	14	16
模块度	0.316	0.337	0.821	0.774

通过研究，可以识别出如下三类贸易组团（社区），见表1-4。

第一类是常年存在的组团，如美国、德国、法国、意大利、澳大利亚、巴西和沙特阿拉伯组团。在这些组团中，美国、德国、法国和意大利组团的中心国家都是传统贸易强国或殖民国，这些国家在世界贸易中占据着重要的位置，而其他三个组团的中心国家澳大利亚、巴西和沙特阿拉伯都是区域性中心。

第二类包括了七个在四个年份中出现两次以上的组团。即中国、日本、英国、俄罗斯、新加坡、印度和南非组团。其中，中国组团和英国及日本社区的变化趋势截然相反。中国组团于1992年首次出现，之后便迅速增长；而后两者则逐渐衰落直至完全消失。俄罗斯继承了苏联的贸易关系，所以其仍影响着苏联解体后的部分独联体国家。

第三类组团则是最不稳定的一类，在四年的社区发现中只出现了一次。这些组团有些是由现在已经不存在的国家所曾经领导的，如苏联组团；另外一些是极容易受大国影响，被其他较大的组团所吸纳的组团，如葡萄牙组团。第三类组团的成员一般来说较少，但阿拉伯联合酋长国（简称阿联酋）组团在2008年后的表现较突出，可能成为未来该地区的贸易中心国家。

从表1-5的中心性指标来看，中国在世界贸易网络中的地位上升得非常快。1992年中国初次进入前十，而后便迅速超越了很多发达国家。从全球来看，美国、德国、法国等传统强国对世界范围内的贸易都有一定影响力，是许多国家最密切的贸易伙伴，所以其排名非常高；

表1-4 1980年、1992年、2008年和2018年各贸易组团的成员方数量

国家或地区	1980年	1992年	2008年	2018年
美国	50	44	50	35
德国	27	30	22	27
法国	19	24	11	6
意大利	6	10	7	6
澳大利亚	7	9	5	4
巴西	3	4	4	4
沙特阿拉伯	8	3	4	3

国家或地区	1980年	1992年	2008年	2018年
中国	—	6	26	61
日本	22	16	7	—
英国	25	12	—	—
俄罗斯	—	9	12	7
新加坡	—	4	4	5
印度	—	—	9	10
南非	—	—	8	8

国家或地区	1980年	1992年	2008年	2018年
波兰	—	5	—	—
葡萄牙	—	4	—	—
孟加拉国	—	3	—	—
伊拉克	—	2	—	—
比利时	—	—	7	—
阿联酋	—	—	—	11
荷兰	—	—	—	3
尼日利亚	—	—	—	3
印度尼西亚	—	—	—	3
新西兰	—	—	—	3
泰国	—	—	—	3
苏联（已不存在）	9	—	—	—
比利时-卢森堡经济联盟（已不存在）	—	5	—	—

表1-5　基于中心性指标的1980年、1992年、2008年和2018年各国/地区排名（前十位）

1980年

国家或地区	DC	国家或地区	CC	国家或地区	BC
美国	0.21	美国	0.21	美国	0.14
英国	0.11	日本	0.20	日本	0.11
日本	0.10	德国	0.19	德国	0.10
法国	0.09	巴西	0.19	英国	0.06
德国	0.07	中国香港	0.19	法国	0.05
沙特阿拉伯	0.04	哥斯达黎加	0.19	沙特阿拉伯	0.03
澳大利亚	0.02	印度	0.19	澳大利亚	0.02
意大利	0.02	墨西哥	0.19	意大利	0.02
苏联	0.02	委内瑞拉	0.19	丹麦	0.01
丹麦	0.02	阿尔及利亚	0.19	葡萄牙	0.01

1992年

国家或地区	DC	国家或地区	CC	国家或地区	BC
美国	0.20	德国	0.22	德国	0.18
德国	0.13	法国	0.20	美国	0.13
法国	0.09	美国	0.20	法国	0.08
日本	0.07	英国	0.20	日本	0.07
英国	0.05	意大利	0.20	英国	0.04
俄罗斯	0.04	俄罗斯	0.20	意大利	0.04
比利时-卢森堡经济联盟	0.04	比利时-卢森堡经济联盟	0.20	俄罗斯	0.03
澳大利亚	0.03	波兰	0.20	澳大利亚	0.03
意大利	0.02	葡萄牙	0.20	比利时-卢森堡经济联盟	0.02
波兰	0.02	丹麦	0.20	波兰	0.02

2008年

国家或地区	DC	国家或地区	CC	国家或地区	BC
美国	0.23	中国	0.19	美国	0.27
中国	0.11	美国	0.19	中国	0.26
德国	0.10	日本	0.18	日本	0.09
俄罗斯	0.06	印度	0.18	德国	0.09
法国	0.05	南非	0.17	印度	0.05
印度	0.04	澳大利亚	0.17	阿联酋	0.04
南非	0.04	沙特阿拉伯	0.17	法国	0.04
日本	0.03	尼日利亚	0.17	南非	0.04
意大利	0.03	贝宁	0.17	澳大利亚	0.03
阿联酋	0.03	印度	0.17	西班牙	0.02

2018年

国家或地区	DC	国家或地区	CC	国家或地区	BC
中国	0.28	中国	0.28	中国	0.44
美国	0.16	美国	0.25	美国	0.20
德国	0.12	德国	0.24	德国	0.07
阿联酋	0.05	阿联酋	0.24	阿联酋	0.06
印度	0.05	印度	0.24	印度	0.06
南非	0.04	南非	0.24	南非	0.04
俄罗斯	0.03	俄罗斯	0.24	俄罗斯	0.04
意大利	0.03	新加坡	0.24	新加坡	0.03
法国	0.03	法国	0.24	法国	0.03
西班牙	0.02	印度尼西亚	0.24	澳大利亚	0.02

而澳大利亚、俄罗斯这些区域性贸易中心则排名相对较低。日本和英国的贸易地位不断下降。近年来,除了中国,其他发展中国家的地位也迅速上升,印度、南非和阿联酋在2018年也都成为区域性贸易中心。度中心性(DC)反映了与一国有直接贸易联系的国家的数量,其在不同年份中的变化说明了上述特征。

中介中心性(BC)指标反映了世界贸易网络中某一国家位于其他国家间最短贸易联系路径的比例,其排名与度中心性类似。这说明了美国、法国、德国等国家不仅是众多国家的最大贸易伙伴,它们也是贸易网络中的"桥梁"角色。虽然Top网络是经过筛选的,丢失了一些其他次要的联系,各国之间并不是真正意义上无直接贸易,但在某种程度上,中介中心性高的国家仍然可能具有这样的作用。接近中心性(CC)指标反映了某国与其他国家贸易联系距离的总和,其排名越高,这个国家距离贸易网络的社区中心国家越近。接近中心性的排名与度中心性和中介中心性的排名有较大差异。英国、法国和意大利仅在1992年进入接近中心性的指标前十,而印度和巴西的接近中心性排名都较它们的度中心性排名高。

1.5 贸易组团演变与中国崛起

1.4节通过贸易网络的中心性指标分析了不同国家和贸易组团在四个年份中的变化。为进一步研究世界贸易组团内部结构及成员变化,本章继续采取Gephi软件的布局功能,对每一年份的各个贸易网络以多种排布方式可视化,具体使用经典的Force Atlas布局函数对四年的贸易网络进行可视化呈现(图1-3)。

从图1-3(a)可以发现,1980年世界贸易网络主要由美国、联邦德国、法国、英国、日本、沙特阿拉伯、苏联和澳大利亚等10个组团构成。其中美国组团主要由美洲国家及韩国、以色列、菲律宾、印度、利比亚和尼日利亚等亚洲和非洲国家(或地区)组成。联邦德国组团

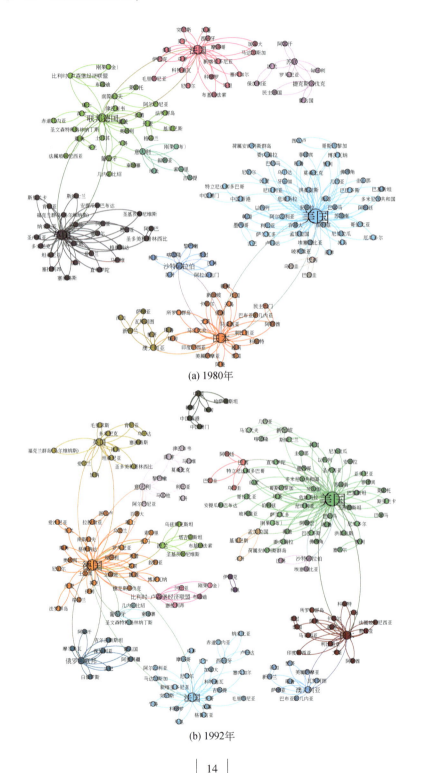

(a) 1980年

(b) 1992年

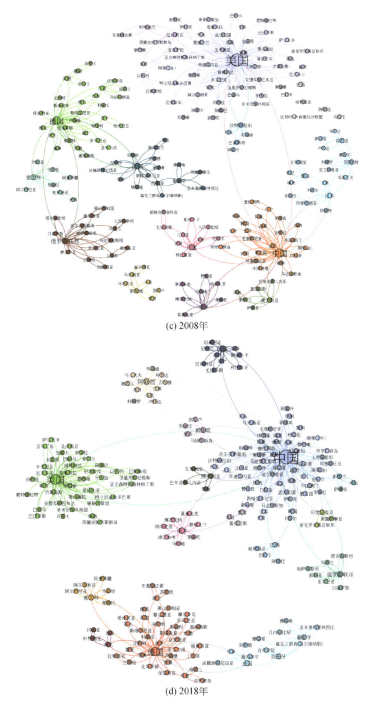

(c) 2008年

(d) 2018年

图 1-3   1980 年、1992 年、2008 年和 2018 年世界贸易组团格局

主要由西欧国家和部分非洲国家（乍得、津巴布韦等）组成。法国组团主要包括加拿大、西班牙和前法属殖民地国家（突尼斯、中非共和国等）。英国组团主要包括肯尼亚、坦桑尼亚等前英属殖民国（或地区）。苏联组团主要包括华沙条约组织成员国。亚太地区的贸易网络主要由美国、日本和澳大利亚组团构成。其中，中国属于日本组团，这是由于1972年中日建交，中日间贸易活动开始加强的原因。1980年中国刚开始实行改革开放，无论是经济实力还是贸易规模都较小。

1992年的17个贸易组团共同构成了世界贸易网络［图1-3（b）］。美国、德国、法国、英国和日本组团仍然是成员最多的几大组团。但相比1980年，美国、英国和日本组团的成员数量都有了一个明显的下降，例如，1980年英国组团内的冈比亚和纳米比亚在1992年分别成为比利时-卢森堡经济联盟组团和法国组团的成员。由于1991年苏联解体，苏联组团消失，由俄罗斯组团取而代之，一些曾经位于苏联组团中的国家脱离出来，或形成了自己的组团（如波兰），或加入了其他组团（如匈牙利加入了德国组团）。这一时期中国经过了十余年的经济发展，贸易实力有所增强，形成了自己的贸易组团，主要的贸易伙伴为哈萨克斯坦、朝鲜和缅甸。

2008年的世界贸易网络由14个组团组成［图1-3（c）］。美国组团恢复了1980年的成员数量，德国组团虽然成员减少，但仍然是欧洲贸易的中心国家。法国、日本组团成员急剧减少，英国组团更是彻底消失。伴随着这个现象的是以发展中国家为中心的组团兴起壮大，如中国、印度和南非组团。许多曾经位于英国和法国组团的被殖民国进入了这三个组团，这说明了殖民国对被殖民国的贸易影响逐渐削弱。中国在进行20世纪90年代的市场经济转型与2001年加入WTO后，经济实力迅速增长，与亚洲和非洲国家的贸易联系进一步加强，其贸易组团成员从1992年的6个增加至2008年的26个。

图1-3（d）显示了2018年的16个贸易组团。美国贸易组团成员从50个骤减为35个，但仍是多数美洲国家的最主要贸易伙伴。德国

组团贸易成员有所增加，继续保持着在欧洲国家贸易中的主要地位。法国组团成员数量进一步减少，而日本组团最终也与英国组团一样彻底消失。除印度与南非组团之外，阿联酋组团作为又一个以发展中国家为核心的组团崛起。中国组团成员在 2018 年达到了 61 个，超过美国组团，成为世界贸易网络中成员数量最多的组团。中国成为多数撒哈拉以南非洲国家的最大贸易伙伴。

1.6　结论与历史启示

世界贸易的空间格局是经济地理学研究的主要议题之一。随着网络分析方法的发展，世界贸易网络成为当前重要的前沿问题，但目前国内外研究尺度多为短期。本章使用 IMF-DOTS，通过建立 Top 网络模型，运用网络中心性指标和社区发现方法对 1980～2018 年的世界贸易地理格局与演化进行了分析。这一中长尺度研究有利于揭示世界贸易网络的中长期演变趋势，并为我国"一带一路"建设提供历史启示。本章的主要发现包括：①重大的世界政治经济事件对中长期全球贸易联系与贸易格局影响深远。1980～1992 年，世界贸易处于转型时期，贸易增长较慢，之后在新自由主义逐渐完善的制度下世界贸易飞速增长，而在 2008 年金融危机之后世界贸易量的增长则趋于波动。而东欧剧变、中国加入 WTO 也显著性地影响了世界的贸易联系增长。②世界贸易格局呈现出"稳中有变"的演化趋势。从 Top1 贸易网络上看，世界贸易主要由欧洲和亚太部分组成。欧洲部分德国、法国和俄罗斯组团相对稳定，而英国和意大利组团地位不断下降。亚太部分美国一直占有主导地位，澳大利亚与太平洋国家（或地区）组成相对稳定的组团，日本组团的地位呈现出下降趋势。③发展中国家逐渐摆脱原殖民体系影响，在世界贸易中的地位明显上升。近年来，印度、沙特阿拉伯、阿联酋、巴西和南非成为区域性贸易中心。④随着中国经济的发展，中国在世界贸易中的地位迅速上升，成为重要的世界贸易组团核心。尤其是 2008 年以来，中国组团的成员数量逐渐超过了美国组团，成为世界上最大的贸易组团。近年来，除了传统的东南亚国家外，中亚、中东和非洲国家成为中国的新兴贸易伙伴。这一定程度上体现了中国经济实力的增强和构建世界贸易网络的努力。中长期尺度研究发现，世界贸易网络的构建与演变并不像经济学家所认为的那样，是纯市场经济行为的产物，而是一个复杂的全球和区域性力量交织的政治经济和技术综合作用的结果。受世界政治经济和技术变革的影响和大国与区域力量的角力作用，世界贸易组团成员存在着不稳定性，一些具有地缘战略重要性的国家长期以来是大国"争夺"的地带，对世界和区域贸易格局有着重要的影响。为此，在"一带一路"建设的背景下，我国应积极参与世界贸易治理体系改革，着力推进与"一带一路"沿线国家的互联互通，重点加强与具有战略性地位的国家（如南亚的斯里兰卡、中东的沙特阿拉伯与阿联酋、中亚的哈萨克斯坦、东南亚的新加坡、欧洲的匈牙利、波兰和希腊等）的贸易合作。

参 考 文 献

蒋小荣，杨永春，汪胜兰. 2018. 1985—2015 年全球贸易网络格局的时空演化及对中国地缘战略的启示. 地理研究，37（3）：495-511.

刘志高，王涛，陈伟. 2019. 中国崛起与世界贸易网络演化：1980—2018 年. 地理科学进展，38（10）：1596-1606.

于良，金凤君，王成金. 2006. 国际贸易空间格局特征及其驱动因素. 地理科学进展，25（5）：112-119，134.

Barbieri K, Keshk O M, Pollins B M. 2009. Trading data: Evaluating our assumptions and coding rules. Conflict Management and Peace Science, 26（5）：471-491.

Blondel V D, Guillaume J L, Lambiotte R, et al. 2008. Fast unfolding of communities in large networks. Journal of Statistical Mechanics: Theory and Experiment,（10）：P10008.

Brakman S, Garretsen H, Schramm M. 2006. Putting new economic geography to the test: Free-ness of trade and agglomeration in the EU regions. Regional Science and Urban Economics, 36（5）：613-635.

Crozet M, Trionfetti F. 2008. Trade costs and the home market effect. Journal of International

Economics, 76 (2): 309-321.

Goodman M K. 2004. Reading fair trade: Political ecological imaginary and the moral economy of fair trade foods. Political Geography, 23 (7): 891-915.

Kim S, Shin E H. 2002. A longitudinal analysis of globalization and regionalization in international trade: A social network approach. Social Forces, 81 (2): 445-471.

Liu C, Wang J, Zhang H. 2018a. Spatial heterogeneity of ports in the global maritime network detected by weighted ego network analysis. Maritime Policy and Management, 45 (1): 89-104.

Liu Z, Wang T, Jung W S, et al. 2018b. The structure and evolution of trade relations between countries along the Belt and Road. Journal of Geographical Sciences, 28 (9): 1233-1248.

Pham C S, Lovely M E, Mitra D. 2014. The home-market effect and bilateral trade patterns: A reexamination of the evidence. International Review of Economics & Finance, 30: 120-137.

Poon J P H, Thompson E R, Kelly P F. 2000. Myth of the triad? The geography of trade and investment 'blocs'. Transactions of the Institute of British Geographers, 25 (4): 427-444.

Rinallo D, Golfetto F. 2011. Exploring the knowledge strategies of temporary cluster organizers: A longitudinal study of the eu fabric industry trade shows (1986-2006). Economic Geography, 87 (4): 453-476.

Zhong W Q, An H Z, Gao X Y, et al. 2014. The evolution of communities in the international oil trade network. Physica A: Statistical Mechanics and its Applications, 413: 42-52.

第2章 "一带一路"贸易格局时空演化

开展长时间序列"一带一路"贸易格局演变研究,对于科学认识"一带一路"沿线地区国际贸易发展态势、助推"一带一路"经贸合作高质量发展具有重要意义。本章通过采用核密度估计、位序-规模分析、层次聚类和热力图可视化等分析方法,考察2000年以来"一带一路"沿线国家贸易格局演化过程,剖析沿线地区国际贸易的时序变化、等级分布、格局演化和集聚形态,揭示"一带一路"沿线贸易格局的非均衡地理特征及其时空差异性,以期能为推进"一带一路"高质量建设提供科学决策依据。

2.1 研究背景

"一带一路"倡议自提出以来受到了广泛关注,成为我国参与国际合作、探索全球经济治理、促进区域合作发展的新方案和新模式,标志着以中国"走出去"为特征的全球化新阶段的到来(刘卫东,2015)。作为新时代我国对外开放的重大战略举措,"一带一路"倡议顺应各国的发展需求和愿景,搭建起国家间互联互通的包容性国际合作平台(刘卫东等,2018)。其中,贸易畅通是"一带一路"建设的重要内容和核心环节,是推动沿线各国开展经贸合作、实现共同发展的重要手段。因此,开展长时间序列"一带一路"贸易格局演变研究,对于科学认识沿线地区国际贸易发展现状与趋势、助推"一带一路"高质量发展具有重要意义。

"一带一路"倡议涉及政治、经济、社会、文化、金融、资源、环境等诸多学科领域。其中，在地理学领域，随着我国与沿线国家经贸联系的日益紧密，"一带一路"经贸合作已成为研究热点之一（刘卫东等，2018）。围绕"一带一路"国际贸易发展领域，现有文献主要关注"一带一路"倡议背景下我国特定区域与沿线国家贸易合作的空间格局和商品结构演化（刘二虎等，2018；Yu et al.，2020；吴天博和孙军，2021），"一带一路"总体贸易和特定产品类型的贸易格局、商品结构和影响因素（Chen and Zhang，2022；Liu et al.，2020；公丕萍等，2015；许阳贵和刘云刚，2019），以及"一带一路"贸易网络特征（Liu et al.，2018；邹嘉龄和刘卫东，2016；宋周莺等，2017）等，并揭示不同产业结构和资源禀赋的国家在特定商品贸易中的地位变化（刘卫东等，2019）。总体上，虽然已有研究深化了对"一带一路"沿线国家贸易格局的基本认知，但研究结论显得较为碎片化，仍缺乏从长时序尺度开展"一带一路"贸易格局时空演变特征的系统性概括研究。特别是近年来，新冠疫情的全球流行和国际形势的复杂多变，对沿线地区国际贸易发展产生了巨大冲击（刘卫东，2020），未来"一带一路"沿线贸易格局的变化态势将成为重要议题。

在上述背景下，本章尝试从长时序尺度开展"一带一路"沿线地区商品贸易格局演化研究，探究复杂国际形势下"一带一路"沿线国家间的贸易竞合态势，对于丰富现有"一带一路"贸易格局认知、指明后疫情时代"一带一路"经贸合作的重点区域和发展方向具有重要意义。基于此，本章综合运用核密度估计、位序–规模分析、层次聚类、热力图可视化等分析方法，揭示"一带一路"沿线商品贸易的时序变化、等级分布、格局演化与集聚形态，识别"一带一路"沿线贸易的核心节点和贸易联系集聚区域，辨识"一带一路"沿线贸易发展的差异性和不均衡性，为推进"一带一路"高质量建设提供科学决策依据。

2.2 研究方法与数据处理

2.2.1 研究范围与数据说明

参考以往研究（刘卫东，2015），本章采用古丝绸之路沿线 65 个国家和地区作为研究区域。本章采用的贸易数据主要来自联合国商品贸易统计数据库（UN Comtrade Database），包括各国在区域内的进出口贸易额，以及国家间的双边贸易流量数据。具体地，本章构建了 2000 年以来"一带一路"沿线国家和地区间的贸易流量矩阵，并选取 2000 年、2013 年和 2021 年三个年份作为研究截面，以此刻画长时序尺度"一带一路"沿线国家贸易格局时空演化特征。

2.2.2 研究方法

（1）核密度估计

核密度估计是一种用于估计概率密度函数的非参数方法，具有无须进行任何参数模型假设和以样本本身为分析对象的特点，能够有效表征随机变量的整体分布形态，体现空间实体或样本属性的集聚分布特征（陈伟等，2015；王耕等，2018）。

（2）位序–规模分析

位序–规模法则常被用来探究城市等级规模分布规律，指的是某一城市体系内所有城市按照规模从大到小排序之后，每个城市的位序与其规模之间存在的规律性关系（周一星和于海波，2004）。其中，Lotka 模式是表征城市位序与规模关系的著名定律，其表达式为

$$P_i = P_1 R_i^{-q} (R_i = 1, 2, \cdots, n)$$

式中，R_i 为城市 i 按照规模从大到小排序后的位序；P_1 为首位城市的规模；P_i 为城市 i 的规模；q 为常数，被称为 Zipf 维数。上式表示城市位序与规模之间的幂函数规律，可对其进行对数变换以直观表现线性关系：

$$\ln P_i = \ln P_1 - q\ln R_i$$

参考上述思路，世界各国的贸易规模与位序之间的规律性关系同样可以用位序–规模法则进行探究。因此，本章通过位序–规模分析揭示"一带一路"沿线国家贸易规模的等级分布特征。

（3）层次聚类

层次聚类是一种层次化的聚类分析方法，依据各聚类要素间的距离或相似度创建一棵具有层级特征的嵌套聚类树（屈树学等，2020），有自下而上的凝聚方法和自上而下的分裂方法两种方式（邓雅文等，2022）。层次聚类具有不需要预先确定聚类数、能够体现类的层次关系、距离和相似度容易定义且限制少等优点，利用层次聚类方法可对"一带一路"沿线国家的进出口贸易联系进行刻画并体现其集聚特征。

（4）热力图可视化

热力图能够综合展示数据属性特征和集聚形态特征。其中，基于矩阵的表格型热力图通过对色块着色来显示要素间的交互作用强度，已被广泛应用于空间关系、影响因素、要素布局等方面的研究（Chen et al.，2021）。因此，本章利用热力图刻画沿线各国进出口贸易联系的拓扑结构，用单元格颜色的深浅来表示国家间的进口或出口贸易额大小，对横轴和纵轴各自进行层次聚类并根据聚类结果重新排列国家顺序。热力图和层次聚类方法的结合，能够较为清晰地体现"一带一路"贸易联系的集聚特征和组织形态。

2.3 "一带一路" 贸易规模演化特征

2.3.1 贸易规模时序演化

为了解 "一带一路" 沿线贸易规模长时序动态演化, 本章绘制了 2000 年以来 "一带一路" 进出口贸易额的柱状统计图 (图 2-1)。由图 2-1 可知, "一带一路" 沿线地区国际贸易呈现出先快速增长、后波动上升的发展态势。2000~2008 年, "一带一路" 进出口贸易额增长迅速, 分别由 0.34 万亿美元和 0.32 万亿美元上升至 1.81 万亿美元和 1.59 万亿美元, 年均增速均达到 22% 以上。在这一时期, 正值经济全球化深入发展, 中国、印度、俄罗斯等国家经济快速增长, 沿线地区国家间贸易合作持续强化。随后, 2009~2021 年, "一带一路" 沿线进出口贸易额分别由 1.35 万亿美元和 1.25 万亿美元增长到 3.14 万亿

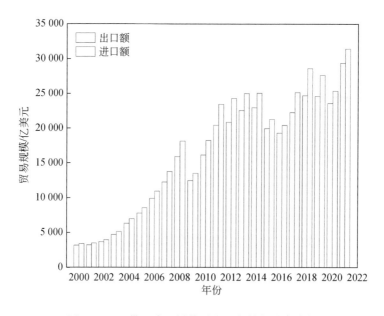

图 2-1 "一带一路" 沿线进出口贸易额时序演化

美元和 2.94 万亿美元，增速有所放缓且呈现波动态势。受金融危机影响，2009 年"一带一路"进出口贸易额出现较大幅度下滑，但之后便进入较快恢复阶段，2009～2014 年进出口贸易额的年均增速达到了 13% 左右。2015 年和 2016 年，由于受世界经济形势严峻、资源价格大幅下跌以及国际市场不景气等影响，"一带一路"贸易出现小幅度回落，之后便继续增长。2019 年开始，由于美国单方面挑起对外贸易战，贸易保护主义抬头，"一带一路"沿线贸易发展也受到不同程度影响，随后新冠疫情暴发，沿线地区国际贸易在多种因素叠加作用下平稳发展。随着疫情得到有效控制，2021 年沿线贸易呈现出良好复苏态势，"一带一路"沿线进出口贸易相较于 2020 年分别上涨了 0.60 万亿美元和 0.58 万亿美元，增长近四分之一，后疫情时代"一带一路"沿线贸易显示出良好的发展势头。

2.3.2 贸易规模等级分布

本章绘制了"一带一路"沿线国家贸易规模的核密度估计图（图 2-2），利用非参数核密度估计方法直观刻画沿线国家贸易规模的分布形态及演变规律。2000 年以来，"一带一路"沿线各国的贸易规模持续增长，贸易规模整体呈现集中分布态势，国家间的贸易规模差距有所缩小。具体而言，从曲线形态上看，2000 年、2013 年和 2021 年的核密度估计曲线均为单峰分布形态，表明沿线国家贸易规模大小始终呈现集中分布态势，中等贸易规模的国家数量占整体的比例较大。从演变态势上看，2013 年曲线单峰相较于 2000 年向右移动，峰值变低，宽度变宽，曲线形态趋于扁平，2021 年曲线单峰进一步右移且高度下降，但是移动幅度相对较小。这说明，随着时间推移，"一带一路"沿线各国贸易规模普遍增大，呈现先快速增长、后增速降低并趋于平稳的发展态势，且贸易规模的集中程度略有降低，不同国家的贸易规模差距有所缩小。2000 年，曲线最左侧存在明显的微小凸起，表明"一带一路"沿线存在贸易规模极小、贸易联系较弱、几乎孤立于沿线地区的边缘国家。相较于 2000 年，2013 年和 2021 年曲线右侧尾端不断延伸，反映出中国、印度、俄罗斯等主要国家的贸易规模稳步增长。与此同时，曲线最左侧的值也在不断增大，且微小凸起消失，说明"一带一路"沿线贸易规模较小的国家贸易发展态势良好，各国积极参与"一带一路"建设，沿线国家间贸易合作日趋紧密。

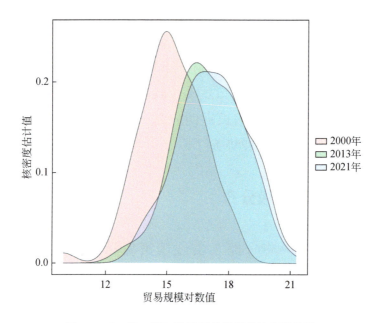

图 2-2 "一带一路"沿线贸易规模的核密度估计

位序–规模分析能够有效揭示"一带一路"沿线贸易规模的等级结构。基于 2000 年以来沿线各国的贸易规模及位序绘制位序–规模散点图，并对其进行双对数函数拟合，结果如图 2-3 所示。从图中可以看出，"一带一路"沿线贸易的位序–规模分布近似为幂指数曲线，反映出随着国家位序的降低，贸易规模的衰减速率有所下滑，各国贸易规模的均衡性有所优化。2000 年，沿线国家贸易规模普遍较小，排名前六位的节点占据了大量的贸易规模，平均贸易差达到了 126.88 亿美元，在此点之后，相邻位次国家间的差距缩小。2013 年和 2021 年沿线国家贸易规模的衰减速率相近，都在国家位序约 15 位显著降低，并且位序–规模分布曲线在国家位序约 30 位以后呈直线形态。三个年份沿线国家贸易规模的位序–规模双对数回归均通过了显著性检验，拟合方程的 R^2 值分别为 0.7989、0.8288 和 0.8420，拟合效果较好，说明"一带一路"沿线各国贸易规模的位序–规模特征较为显著。同时，三个年份贸易位序–规模双对数拟合函数的斜率（即 Zipf 指数 q）分别为 1.5449、1.6326 和 1.6879，均大于 1 且逐年增长，表明"一带一路"沿线贸易规模分布比较集中，高位次国家贸易规模优势明显，极化效应凸显。2000 年以来，贸易规模超过 1000 亿美元的国家从 0 个增长至

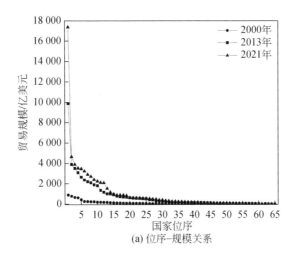

(a) 位序–规模关系

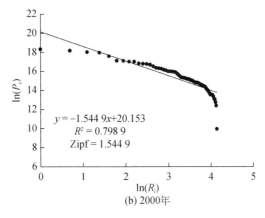

(b) 2000年

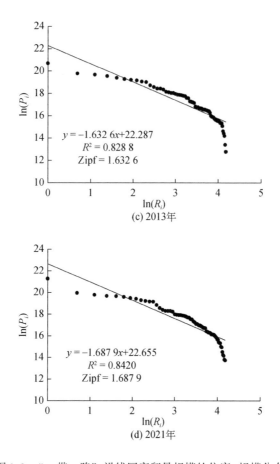

图 2-3 "一带一路"沿线国家贸易规模的位序–规模分布

14 个，其中，中国逐渐成为沿线贸易的绝对核心，其贸易规模由 778.34 亿美元增长至 17 386.64 亿美元，是第二位国家的近 4 倍，而印度、俄罗斯、马来西亚、新加坡等国家也逐渐成为沿线地区的高等级贸易节点。

综合以上两方面可以发现，"一带一路"沿线贸易呈现出较为显著的极化效应，等级结构特征明显。随着沿线各国经济发展水平的普遍提升和经贸合作的持续深化，各国贸易规模分布逐渐向均衡方向发展。各国贸易规模的等级特征与其总体经济状况相对应，也体现了经济发展水平和产业结构对于商品贸易的重要影响。在沿线国家中，发展中国家占有较大比重，其中，大部分国家具有贸易体量较小、商品结构较为单一和贸易伙伴数量有限等特点，对外贸易参与度较低。进一步看，"一带一路"沿线仍存在部分"最不发达国家"，如不丹、东帝汶、阿富汗等国，其由于经济体量小、产业结构单一或政治局势动荡等原因，外贸水平较低，这些国家成为沿线地区中的边缘性国家。而中国、新加坡、印度、俄罗斯等贸易大国，或拥有较大的经济体量和进出口需求，或位于战略性贸易枢纽位置，在沿线贸易体系中占据核心地位。

2.4 "一带一路"进出口贸易格局演化

本章进一步对2000年以来"一带一路"沿线各国进出口贸易额进行空间可视化，结果如图2-4所示。随着时间推移，"一带一路"沿线地区进出口贸易格局经历了不同程度的空间重构，进出口贸易格局较为相似，出口贸易的极化效应相较于进口贸易更为显著。

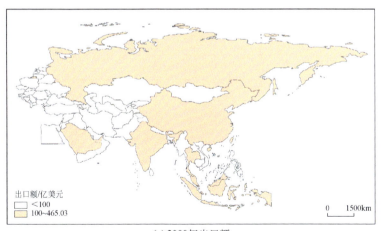

(a) 2000年出口额

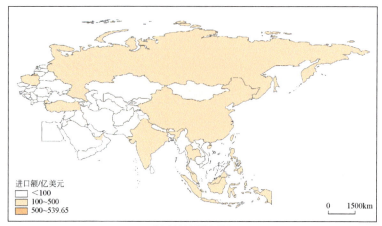

(b) 2000年进口额

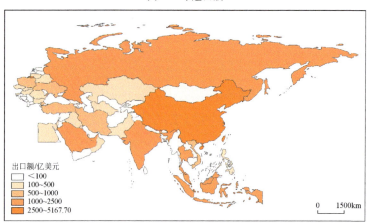

(c) 2013年出口额

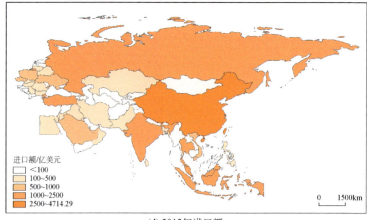

(d) 2013年进口额

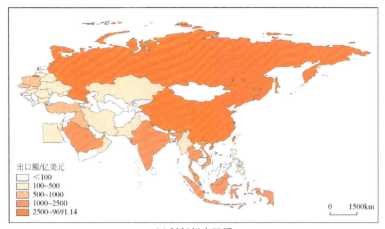

(e) 2021年出口额

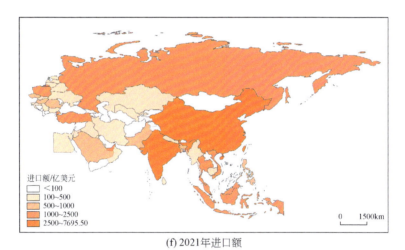

(f) 2021年进口额

图 2-4 出口贸易格局演化

从出口格局看，"一带一路"沿线地区贸易格局由"多核心"向"单核心、多节点"转变。2000 年，出口额超过 100 亿美元的国家有 9 个，其中，俄罗斯以 465.03 亿美元的出口额位居第一，占沿线地区各国出口贸易总和的 12.97%，马来西亚、新加坡和中国的出口贸易额均超过了 350 亿美元，"一带一路"沿线地区形成了"多核心"的出口贸易格局。随后沿线各国的出口贸易迅猛增长，2013 年中国出口额上升至 5167.70 亿美元，增长近 15 倍，占沿线各国出口总额的 20.40%，成为沿线地区出口贸易的绝对核心。除中国以外，俄罗斯、马来西亚、沙特阿拉伯等 8 个国家出口贸易额也超过 1000 亿美元，是沿线地区出口贸易的重要节点。到 2021 年，除中国出口额大幅增长外，沿线各国的出口贸易规模普遍微升。其中，俄罗斯的出口贸易规模突破 2500 亿美元，马来西亚、印度等 8 个国家的出口额也达到了 1000 亿美元以上，排名前十位的国家的出口额占沿线地区出口总和的 72.94%，"一带一路"沿线地区"单核心、多节点"的出口贸易格局浮现。除了具有较高出口贸易规模的核心节点国家之外，沿线地区也存在出口贸易规模较小的国家，这些国家或是自身经济体量较小，对外经贸合作较少，或是主要出口市场并非"一带一路"沿线国家，游离在"一带一路"贸易体系边缘。

进口格局与出口贸易格局较为相似。2000 年，新加坡和中国分别以 539.65 亿美元和 423.30 亿美元的进口额位列第一和第二位，成为"一带一路"沿线进口贸易中的两大核心。2013 年，新加坡的进口贸易排名降至第三位，而中国进口贸易额增长至 4714.29 亿美元。随着"一带一路"倡议提出以及中国经济快速发展，2013~2021 年，中国的进口贸易额稳居沿线地区第一位，且与第二名之间的差距不断扩大。2021 年，中国占沿线地区进口贸易总额的 22.56%，成为沿线地区进口贸易的绝对核心。与出口贸易格局相似，沿线地区也存在部分进口贸易规模极小的国家，但数量较少，2013 年和 2021 年进口贸易额小于 10 亿美元的国家分别仅有 2 个和 3 个。由于资源禀赋、产业结构和经济发展等差异，沿线地区各国在进出口方面各有侧重；受经济发展水平、对外开放程度、地缘环境和国际局势等综合影响，各国进口和出口格局总体存在一定相似性，贸易大国的核心地位突出并影响沿线地区。其中，经济发展水平和开放程度高或者处于贸易中转枢纽区位的国家通常具有核心引领地位，如中国、印度、俄罗斯、新加坡和土耳其等。而政局不稳、冲突频发以及经济体量小、开放程度低的国家，则较难与其他国家发展形成稳定的经贸合作关系。

为考察贸易平衡态势，本章进一步对 2000 年以来"一带一路"沿线地区各国的贸易差额进行计算并将其空间可视化（图 2-5）。2000 年以来，"一带一路"沿线地区贸易顺差国数量逐年减少，贸易逆差国不断增多，后者数量始终是前者的两倍以上。在贸易顺差国中，俄罗斯、马来西亚、沙特阿拉伯等国家始终稳定在前五位。其中，俄罗斯拥有丰富的石油和天然气等能源资源，也是小麦等粮食产品的生产大国；马来西亚是东南亚新兴制造业国家，在集成电路、石化产品以及塑料橡胶制品等产品中拥有较大的出口额；沙特阿拉伯是中东地区重要产油国，是中国、印度等沿线国家的重要石油进口来源国。在贸易逆差国中，新加坡作为沿线地区重要的贸易中转枢纽，贸易逆差呈现先快速上升后逐渐减小的态势，并且贸易差额排名逐渐降低。随着制造业发展和经济增长，印度对油气资源的需求上升并寻求大量进口，这导致其从贸易顺差国家变为贸易逆差大国，2013 ~ 2021 年，印度的贸易逆差额始终位列沿线地区首位。与之相反的是中国。2000 年，中国的贸易逆差额位列沿线国家中的第三位；随着社会经济发展和生产力水平提升，中国逐渐成为商品出口大国，2000 ~ 2013 年，中国向沿线国家出口的年均增速为 22.88%，高于进口的年均增速（20.37%），出口额的高速增长使得中国成为贸易顺差国；到 2021 年，中国的贸易顺差额高达 1995.64 亿美元，位列沿线国家首位。另外，从图 2-5 可知，2021 年"一带一路"沿线贸易逆差国在中东欧、中亚、南亚等区域呈现集中分布态势，而蒙古国、俄罗斯、中国和中南半岛部分国家形成了贸易顺差国的集中连片分布，这与各地区的自然资源禀赋、产业结构和对外经贸关系等有关。其中，中东欧国家与俄罗斯和中国等国存在较为频繁的贸易往来，但该区域国家的最主要贸易伙伴大多并非"一带一路"沿线国家，并且中东欧地区承担着中国等沿线国家向欧盟国家出口制成品的中转枢纽作用，因而该地区各国在"一带一路"商品贸易格局中主要呈现贸易逆差。在贸易顺差片区内，蒙古国凭借丰富的矿产资源，成为中国等周边国家重要的矿产品进口国，而俄罗斯是原油和天然气的出口大国。作为"世界工厂"，中国经济体量大、制造业水平高、产业链条完整，是"一带一路"沿线最为重要的制造业大国和商品贸易出口国；而东南亚国家正在新一轮全球产业转移中承接来自中国的制造业转移，并逐渐发展成为新的"世界工厂"。

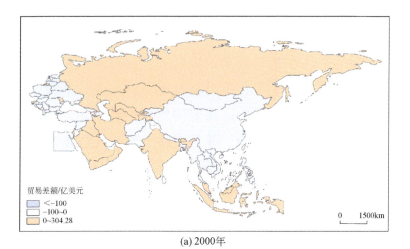

(a) 2000年

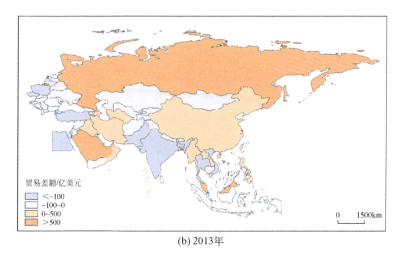

(b) 2013年

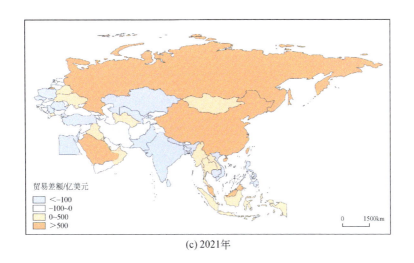

(c) 2021年

图 2-5 贸易差额格局演化

2.5 "一带一路"贸易联系集聚形态

为探究沿线国家间贸易联系特征,本章绘制了 2000 年、2013 年和 2021 年"一带一路"沿线国家贸易联系热力图,结果如图 2-6 所示。其中,横轴代表出口国,纵轴代表进口国,单元格颜色深浅代表贸易额,即贸易额越大,则单元格颜色越深;热力图上方和右侧的树状图分别是对横轴和纵轴层次聚类的结果,通过层次聚类体现各国进出口伙伴国结构的相似性,并据此对热力图的横轴和纵轴进行排序。由图 2-6 可知,"一带一路"沿线国家间贸易规模持续扩大,贸易联系集聚特征日益明显,贸易组团逐渐浮现且处于动态演化中。

2000 年,"一带一路"沿线各国贸易联系普遍松散且呈现集聚态势,主要集中在贸易大国以及距离相近的国家间,局部贸易组团雏形显现。从贸易联系强度来看,新加坡是 2000 年"一带一路"沿线贸易规模最大的国家,其最大的进口和出口贸易伙伴均是马来西亚,两国间贸易总额为 344.26 亿美元,在沿线国家双边贸易额中排名第一。而

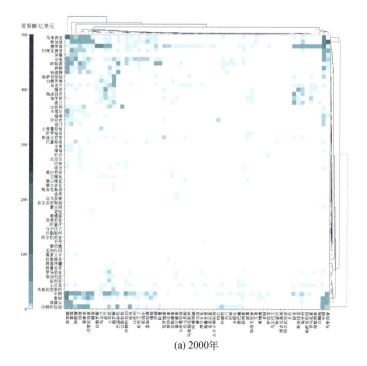

(a) 2000年

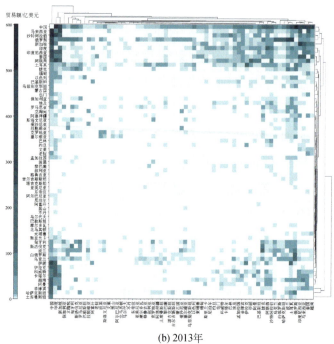

(b) 2013年

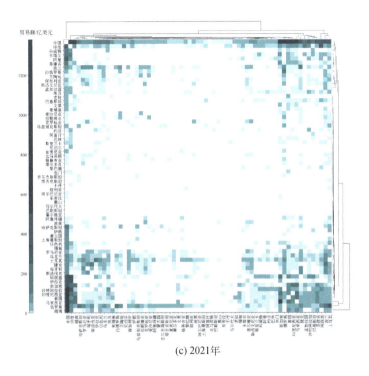

(c) 2021年

图 2-6 "一带一路"沿线国家贸易联系热力图

马来西亚也凭借着和新加坡、中国、泰国、菲律宾等国家间较强的贸易联系成为沿线地区的第三大贸易国。中国是沿线地区的第二大贸易国，新加坡和俄罗斯分别是其第一大出口市场和进口伙伴国。俄罗斯、泰国和印度在沿线国家的贸易额排名中分别位列四到六位。其中，俄罗斯除与中国存在较为紧密的贸易联系之外，主要与乌克兰、白俄罗斯、波兰、哈萨克斯坦等邻近国家之间拥有较高的进出口贸易额；泰国主要与中国以及其他东南亚国家之间保持着频繁的贸易往来；而印度的主要贸易伙伴是中国、新加坡等邻近国家以及沙特阿拉伯、阿联酋等石油生产大国。除此以外，还有部分国家的双边贸易额低于 1 亿美元，对外贸易联系较弱。从各国的贸易伙伴结构来看，由于 2000 年"一带一路"大部分国家仍处于融入全球化的起步阶段，各国的贸易联系普遍松散，存在较多对外贸易联系较弱的国家，这些国家的进出口贸易伙伴结构相似。而对于新加坡、中国、沙特等贸易大国而言，由于贸易联系侧重不同，贸易伙伴国结构差异较大。综合来看，可以发现，"一带一路"沿线地区贸易联系集聚区域初步显现：中国和东盟国家之间的贸易联系紧密，以中国、新加坡、马来西亚、泰国等国家为核心的中国-东南亚组团浮现；以俄罗斯为首的苏联内部加盟共和国之间由于地缘邻近、文化相通而拥有较为频繁的贸易往来，以俄罗斯为核心、波兰和乌克兰等国家为重要节点的俄罗斯-中东欧组团初具雏形。

2013年"一带一路"沿线各国贸易联系明显增强，贸易联系集聚特征更加显著，贸易组团化趋势进一步凸显。在贸易联系强度上，2013年沿线地区贸易主要集中在中国、马来西亚、俄罗斯、新加坡等贸易大国，乌克兰、土耳其等区域性贸易枢纽，以及阿联酋、沙特阿拉伯等石油生产大国的对外贸易联系中。其中，中国与沿线各国的贸易联系最为紧密，作为贸易规模最大的国家，与沿线所有国家均建立了贸易合作关系，并与马来西亚、新加坡、泰国、俄罗斯、沙特阿拉伯等国的双边贸易额达到了700亿美元以上。俄罗斯的贸易额由第四位上升至第二位，但其贸易联系依旧具有明显的偏向性，侧重于中国、白俄罗斯、乌克兰、波兰、土耳其、哈萨克斯坦等邻近中东欧及亚洲国家。印度是沿线地区的第三大贸易国，一方面，随着对能源需求的进一步增加，印度与沙特阿拉伯、阿联酋等中东产油国之间的贸易联系日趋紧密；另一方面，作为南亚经济体量、人口规模和贸易规模最大的国家，印度始终是斯里兰卡、尼泊尔等南亚国家的最大贸易伙伴国，成为这些国家融入"一带一路"贸易体系的重要桥梁。在聚类结果上，中国、马来西亚、俄罗斯、沙特阿拉伯和新加坡等贸易大国被划分为了相近类别，而土库曼斯坦由于独特的出口贸易结构而自成一类，其向中国出口的贸易额高达88.93亿美元，而与其他国家的出口贸易额则远小于该数值。2000~2013年，"一带一路"沿线地区贸易组团化发展趋势更加明显并趋于复杂。其中，由于地理距离、历史文化、贸易协定等因素综合作用，中国-东南亚组团日趋成熟，各国之间形成了稳定的贸易关系；俄罗斯-中东欧组团进一步发育，组团内各国与土耳其等西亚国家建立了较为紧密的贸易联系，扩张成为俄罗斯-西亚-中东欧组团；随着能源贸易规模的日益扩大，以印度、阿联酋、沙特阿拉伯等国家为核心的南亚-中东组团逐渐形成，成为沿线地区新兴的贸易联系集聚区。

直到 2021 年，"一带一路"沿线贸易规模进一步扩大，贸易联系呈现总体稳定、局部微调的发展态势，贸易集聚格局显现。在贸易联系强度上，中国、俄罗斯、马来西亚、印度等国家仍为沿线地区主要贸易国，沙特阿拉伯等产油国的出口贸易地位略有下降。而越南在沿线地区的贸易地位大幅上升，进口额、出口额和贸易总额排名分别由第 10 位、第 13 位和第 12 位上升至第 3 位、第 6 位和第 5 位，其中，与中国的贸易往来高达 2302.16 亿美元，占越南与沿线国家贸易总额的 66.28%，是沿线国家双边贸易额中的最高值。从贸易伙伴结构来看，贸易联系格局总体较为稳定。在进口方面，中国仍然自成一类，波兰和土耳其都与中国、印度、俄罗斯等贸易大国以及邻近的中东欧国家联系紧密，进口伙伴国结构较为相似。在出口方面，越南凭借与中国之间极高的贸易额，在聚类中成为单独一类；贸易大国之间以及资源禀赋相近的邻近国家之间也常常拥有相似的出口伙伴国，如马来西亚与俄罗斯、中国与印度、卡塔尔与阿曼、立陶宛与保加利亚等。相较于 2013 年，2021 年"一带一路"沿线地区贸易联系集聚特征更加明显，中国-东南亚、俄罗斯-西亚-中东欧以及南亚-中东三大组团整体较为稳定、部分成员国略有调整，贸易规模普遍有所扩大，各组团的核心国家之间联系日趋紧密，在商品供需关系、地理距离、历史文化、国际关系等因素的综合作用下构成了"一带一路"较为稳定的贸易联系集聚区。

2.6 结论与讨论

本章综合运用多种分析方法，考察2000年以来"一带一路"沿线部分国家商品贸易格局特征及其演化过程，以期为全面深入理解"一带一路"贸易格局、高效推进"一带一路"建设提供有益参考。相较于以往研究（公丕萍等，2015；Liu et al.，2018；许阳贵和刘云刚，2019），本章潜在的边际贡献在于通过综合运用核密度估计、位序-规模分析、层次聚类、热力图可视化等分析方法，从长时序尺度深入剖析了"一带一路"商品贸易的时序变化、等级分布、格局演化和集聚形态，识别了"一带一路"沿线贸易的核心节点和贸易联系集聚区域，辨识了"一带一路"沿线贸易发展的差异性和不均衡性，为深入认知后疫情时代"一带一路"经贸高质量发展趋势提供了参考依据。

研究结果表明：①"一带一路"沿线贸易规模持续增长，随时间呈现先快速增长、后波动上升的发展态势。②"一带一路"沿线贸易规模等级分布特征明显，贸易规模整体呈现集中分布态势，国家间的贸易规模差距有所缩小；随着国家位序降低，贸易规模的衰减速率有所下滑，各国贸易规模的均衡性有所优化。③"一带一路"沿线地区进出口贸易格局经历了不同程度的空间重构，进出口贸易格局较为相似，出口贸易的极化效应相较于进口贸易更为显著。④"一带一路"沿线贸易差额格局处于动态演变中，贸易顺差国远少于逆差国，且顺差国数量呈逐渐减小趋势。俄罗斯、马来西亚、沙特阿拉伯等国家始终是贸易顺差国，新加坡等国是主要的贸易逆差国，印度由贸易顺差国转变为贸易逆差国，中国则由贸易逆差国转变为贸易顺差国，贸易差额分布具有一定的地理邻近性。⑤"一带一路"贸易联系集聚特征日益明显，贸易组团化集聚趋势逐步浮现且处于动态演化中，形成了中国-东南亚组团、俄罗斯-西亚-中东欧组团和南亚-中东组团三个贸易集聚区域。

参 考 文 献

陈伟, 修春亮, 陈金星, 等. 2015. 中国城市间交通流强度的空间格局. 人文地理, 30 (4): 116-122.

邓雅文, 侯鹏, 蒋卫国, 等. 2022. 基于多特征指标和层次聚类分析的河源区范围自动划分方法研究. 地球信息科学学报, 24 (3): 469-482.

公丕萍, 宋周莺, 刘卫东. 2015. 中国与 "一带一路" 沿线国家贸易的商品格局. 地理科学进展, 34 (5): 571-580.

刘二虎, 陈瑛, 李芬英. 2018. 陕西省对丝绸之路经济带沿线国家出口贸易格局演化. 地域研究与开发, 37 (3): 23-27.

刘卫东, 等. 2019. 共建绿色丝绸之路——资源环境基础与社会经济背景. 北京: 商务印书馆.

刘卫东, 宋周莺, 刘志高, 等. 2018. "一带一路" 建设研究进展. 地理学报, 73 (4): 620-636.

刘卫东. 2015. "一带一路" 战略的科学内涵与科学问题. 地理科学进展, 34 (5): 538-544.

刘卫东. 2020. 新冠肺炎疫情对经济全球化的影响分析. 地理研究, 39 (7): 1439-1449.

屈树学, 董琪, 秦嘉徽, 等. 2020. 基于社交媒体数据的北京市游客与居民签到差异研究. 地理与地理信息科学, 38 (1): 37-44.

宋周莺, 车姝韵, 杨宇. 2017. "一带一路" 贸易网络与全球贸易网络的拓扑关系. 地理科学进展, 36 (11): 1340-1348.

王耕, 李素娟, 马奇飞. 2018. 中国生态文明建设效率空间均衡性及格局演变特征. 地理学报, 73 (11): 2198-2209.

吴天博, 孙平军. 2021. 中国对 "丝绸之路经济带" 沿线国家木质林产品出口贸易潜力及其影响因素研究. 地域研究与开发, 40 (4): 1-5, 38.

许阳贵, 刘云刚. 2019. 中国与 "一带一路" 沿线国家贸易及其影响因素. 热带地理, 39 (6): 855-868.

张宏, 丁昊, 张力钧, 等. 2020. 全球天然气贸易格局及中国天然气进口路径研究. 地域研究与开发, 39 (6): 1-5.

周一星, 于海波. 2004. 中国城市人口规模结构的重构 (二). 城市规划, (8): 33-42.

邹嘉龄, 刘卫东. 2016. 2001-2013 年中国与 "一带一路" 沿线国家贸易网络分析. 地理科学, 36 (11): 1629-1636.

Chen W, Golubchikov O, Liu Z. 2021. Measuring polycentric structures of megaregions in China:

Linking morphological and functional dimensions. Environment and Planning B: Urban Analytics and City Science, 48 (8): 2272-2288.

Chen W, Zhang H. 2022. Characterizing the structural evolution of cereal trade networks in the Belt and Road regions: A network analysis approach. Foods, 11 (10): 1468.

Liu A, Lu C, Wang Z. 2020. The role of cultural and institutional distance in international trade: Evidence from China's trade with the Belt and Road countries. China Economic Review, 61: 101234.

Liu Z, Wang T, Sonn J W, et al. 2018. The structure and evolution of trade relations between countries along the Belt and Road. Journal of Geographical Sciences, 28 (9): 1233-1248.

Song Z, Che S, Yang Y. 2018. The trade network of the Belt and Road Initiative and its topological relationship to the global trade network. Journal of Geographical Sciences, 28 (9): 1249-1262.

Yu C, Zhang R, An L, et al. 2020. Has China's Belt and Road Initiative intensified bilateral trade links between China and the involved countries? Sustainability, 12 (17): 6747.

| 第3章 | "一带一路"贸易网络结构连通性

贸易畅通是"一带一路"建设的重点内容和核心环节。基于"一带一路"贸易网络数据库，本章综合集成组团识别、核心-边缘轮廓、视差滤波等中尺度网络分析方法，构建探索贸易网络连通性的分析框架，从节点和连边双维度揭示"一带一路"贸易网络的时空格局、拓扑关系以及连通性演化，以期能为理解"一带一路"贸易网络结构、优化贸易发展格局以及提升贸易网络韧性提供科学参考。

3.1 研究背景

作为重要的国际合作平台和国际公共产品，"一带一路"倡议国际合作取得了丰硕成果，学术界也一直在相关领域精耕细作、推动"一带一路"高质量发展（国家发展改革委等，2015；刘卫东等，2018）。早期，学者们主要着眼于"一带一路"倡议解读和内涵挖掘（刘卫东，2015；Liu and Dunford，2016）。随后，"一带一路"倡议的地缘政治影响（宋长青等，2018）、交通基础设施（Vinokurov and Tsukarev，2018）、对外直接投资（陈继勇和李知睿，2018）、贸易格局（Liu et al.，2018；张海朋等，2021）等研究议题受到广泛关注。作为"一带一路"创新合作模式，政策沟通、设施联通、贸易畅通、资金融通和民心相通不仅是"一带一路"建设的合作重点，也是"一带一路"包容性发展和行稳致远的关键所在（吕越等，2022）。其中，贸易畅通是共建"一带一路"的重要内容和核心环节，直接关系到

"一带一路"建设的实际成效。因此，开展"一带一路"贸易连通性研究，探究"一带一路"贸易网络的结构性特征与演化过程，对于有效推进"一带一路"经贸合作、实现高质量发展具有重要意义。

在过去半个多世纪，国际贸易快速发展，商品和服务贸易在世界范围内的流动塑造出新的国际劳动分工体系（张彩云和桑百川，2022），贸易的全球化逐步成为经济全球化最为标志性特征之一（陈韬和贺灿飞，2020）。近年来，随着中美贸易战、新冠疫情和俄乌冲突等重大事件影响，国际贸易形势正在经历结构性变化过程，贸易合作在全球化和区域化之间交织碰撞，国际贸易格局日趋复杂化和多样化（Chen and Wang，2022；Landesmann and Stöllingen，2019）。尽管受到国际形势等综合影响，国际贸易发展的需求、趋势和活力依然保持弹性，并呈现出全球尺度的区域分化。在传统国际贸易理论中，如绝对优势、比较优势和要素禀赋等理论，主要沿着古典经济学中"生产-流通-消费"等环节视角，探究不同分工模式对国际贸易带来的影响和机制（Grant，1994；Krugman et al.，1995；Poon，1997）。长期以来，经济地理学对国际贸易的研究主要侧重于国际贸易地理结构的描述（Andresen，2010；陈韬和贺灿飞，2020；Hirte et al.，2020）。而随着全球价值链深入发展，国际贸易趋向网络化发展，最终构成了世界贸易网络体系。国家与国家间在空间上形成的相互联系的贸易流，交织构成了国际贸易网络结构。

在此背景下，贸易网络研究逐步成为透视国际贸易体系的重要路径。当前，针对贸易网络的研究大体可以分为三类。第一类，从网络宏观特征出发，利用网络密度、集聚系数、平均最短路径等指标对网络拓扑结构进行刻画和分析（Niu et al.，2023）。第二类，从网络微观尺度出发，部分研究侧重于运用网络中心性等指标，考察贸易网络中不同国家在网络中的地位或角色变化，分析网络的等级结构特征（段德忠和杜德斌，2020；刘志高等，2019）。第三类，聚焦于网络中观尺度特征，利用社区发现（Chen et al.，2018；蒋小荣等，2018）、核心-

边缘结构（Chen and Zhang，2022）、块模型（丛海彬等，2021）等分析方法，探究贸易网络的结构特征及其与整体贸易网络的嵌套关系。随着"一带一路"倡议深入发展，学术界对"一带一路"贸易网络研究也逐渐升温，越来越多的学者借助网络分析方法探究"一带一路"沿线国家间贸易联系构成的复杂网络。

作为网络科学领域的前沿话题，中尺度结构提供了一种透视网络中内蕴结构的独特视角，对于科学理解和认识网络结构连通性具有重要意义。然而，目前尚未有文献从中尺度视角探究"一带一路"贸易网络的拓扑关系及其结构性演化，"一带一路"贸易网络连通性变化及其空间影响有待于进一步揭示。因此，基于长时序"一带一路"贸易网络数据库，本章综合集成组团识别、核心-边缘轮廓、视差滤波等网络中尺度分析方法，构建探索贸易网络连通性的分析框架，从节点、连边两个维度揭示"一带一路"贸易网络的时空格局、拓扑关系以及结构性演化，以期能为新时期"一带一路"框架下优化贸易发展格局、提升产业链供应链稳健性提供科学参考。

3.2 研究方法与数据处理

3.2.1 研究区域

作为一个开放包容的国际合作体系和对外开放平台，"一带一路"倡议并未设定明确的区域范畴（刘卫东，2015；刘卫东等，2017）。2013 年以来，与中国签署共建"一带一路"合作协议的国家和地区数量也在不断增多，已经拓展到非洲、拉丁美洲和南太平洋等地区。截至 2023 年，中国已经同 150 多个国家和地区签署了共建"一带一路"合作文件。然而，当前大量实际工作仍以亚欧大陆沿线地区为主，即古丝绸之路沿线国家和地区。考虑到签署共建"一带一路"合作协议国家数量的动态变化性，为了兼顾学术研究的延续性与可比性，参考刘卫东等研究基础（刘卫东，2019；刘卫东等，2017），本章仍沿用传统的古丝绸之路沿线 65 个国家作为研究区域。需要说明的是，由于东帝汶、黑山分别于 2002 年、2006 年取得独立，在 2001 年的"一带一路"贸易格局分析中，其空间范围仅为 63 个国家，2006 年以后为65 个国家。

3.2.2 数据处理

基于联合国商品贸易统计数据数据库，本章获取了"一带一路"沿线 65 个国家间的商品贸易流量数据，包括各国在区域内的进出口贸易额，以及国家间的双边贸易流量数据。具体地，本章构建了"一带一路"沿线 65 个国家间的贸易流量矩阵，即为"一带一路"贸易网络。同时，本章限定研究期限为 2001~2020 年。其中，2001 年中国加入世界贸易组织，极大地改变了世界贸易格局；2008 年全球金融危机爆发，随后全球经济发展进入了低潮期；2013 年中国提出了"一带一路"倡议，深刻影响着全球经贸发展格局和国际劳动分工体系。基于上述考虑，本章选择 2001 年、2008 年、2013 年和 2020 年四个具有代表性的年份作为研究截面，以此呈现"一带一路"贸易网络发展的重要转折和演化过程。

3.2.3 研究方法

（1）组团识别

作为网络科学中的核心议题，组团识别（community detection）是指将一个网络划分为若干个子集，每个组团内部节点间的联系紧密，而组团与组团之间的联系却相对稀疏（Chen，2021；陈伟等，2017）。

其中，模块度是最著名的衡量方法之一。模块度通过使组团中实际的边数（或总权重）与这类边的预期数量间的差异最大化，达到衡量网络划分的效果。随后，不少模块度优化算法陆续被提出，其中，Louvain 算法成为当前最流行的测度算法之一（Blondel et al.，2008）。

然而，由于 Louvain 算法在迭代过程中容易产生连接较弱甚至不连接的组团结构（Traag et al.，2019），Leiden 算法随后被创造出用以弥补 Louvain 算法存在的该缺陷（Traag et al.，2019）。Leiden 算法利用了加快节点局部移动、将节点移动到随机邻居的思想，从而保证组团以更高的模块度和更高的计算效率紧密连接。Leiden 算法包括三个阶段：①局部节点移动；②组团划分的修正；③基于修正的网络聚合。

具体地，Leiden 算法是通过迭代运算收敛到一个分组，其中所有组团的所有子集都保证是局部最优分配的。假定 $G=(V, E)$ 是一个图，具有 $n=|V|$ 的节点和 $m=|E|$ 的边。分组 $P=\{C_1, \cdots, C_r\}$ 由 $r=|P|$ 组团组成，其中每个组团 $C_i \subseteq V$ 由一组节点和一组 S 构成组团 C。Leiden 算法部分依赖于算法的随机性。在该定义中，P 是图 $G=(V, E)$ 的一个统一分区。对于一组节点 $S \subseteq C \in P$，组团区中的节点子集总是与组团的其他部分相连，其密度至少为 γ。其公式表示为

$$E(S, C-S) \geqslant \gamma \| S \| \cdot \| C-S \| \tag{3-1}$$

在该算法中，γ-分割性和 γ-连通性这两个属性在每次迭代中均得到优化。

（2）核心-边缘轮廓

网络是由具有不同属性的节点和连边构成，核心-边缘结构（core-periphery structure）则是由网络中紧密联系的核心节点与稀疏联系的边缘节点所共同构成的一种网络存在形式（Boyd et al.，2006）。为了识别网络核心-边缘结构，虽然部分算法被提出，但大多数算法均无法处理加权网络。在此背景下，Rossa 等（2013）提出了核心-边缘轮廓算法（core-periphery profile），通过模拟随机游走的行为来刻画网

络中的核心结构和边缘结构，并提供一种全局性的拓扑描述。

在一个具有理想核心-边缘结构的网络中，边缘节点通常只与核心节点相连接，而边缘节点之间却不存在连接。然而，在大多数真实网络中，核心-边缘结构并不总是理想形式的，即边缘节点之间也会有微弱联系（但不是绝对没有）。因此，需要对边缘节点的持续概率 α_p 做一般化定义，即最大的子网络具有 $\alpha_S \leqslant \alpha$。

基于上述对持续概率的逻辑推演，定义给定网络中的核心-边缘轮廓 α_k（$k=1，2，\cdots，n$），具体公式为

$$
\begin{aligned}
\alpha_k &= \min_{h \in N \backslash P_{k-1}} \frac{\sum_{i,j \in P_{k-1} \cup \{h\}} \pi_i m_{ij}}{\sum_{i \in P_{k-1} \cup \{h\}} \pi_i} \\
&= \min_{h \in N \backslash P_{k-1}} \frac{\sum_{i,j \in P_{k-1}} \pi_i m_{ij} + \sum_{i \in P_{k-1}} (\pi_i m_{ih} + \pi_h m_{hi})}{\sum_{i \in P_{k-1}} \pi_i + \pi_h}
\end{aligned} \tag{3-2}
$$

式中，$N=\{1，2，\cdots，n\}$ 为网络中的节点；k 为假设被选中的节点；$\pi>0$，为访问某节点的渐进概率，即在该节点上所花费的时间步长分数；$m_{ij}=w_{ij}/\sum_h w_{ih}$，为在每个（离散的）时间步骤中，节点 i 随机游走至节点 j 的概率值。根据每一步持续概率的最小增量，逐次添加具有最小权重的节点，如果它不是唯一的，则在具有最小权重的节点中随机选择一个节点 h，具有最强联系的节点将在最后被添加，从而获取整体网络的核心-边缘结构。按照位序，获得集合 P_k 的连续概率序列 $0=\alpha_1 \leqslant \alpha_2 \leqslant \cdots \leqslant \alpha_n=1$。

作为上述算法的副产品，集中系数（centralization coefficient）和核心度（coreness）成为认识网络核心-边缘结构的重要工具。在核心-边缘结构中，集中系数主要反映的是网络结构的集中程度，核心节点分布越集中、数量越少，则该网络的集中系数越大。因此，集中系数 C 的表达式为

$$
C = 1 - \frac{2}{n-2} \sum_{k=1}^{n-1} \alpha_k \tag{3-3}
$$

当 $C=1$ 时，网络只有单独一个节点；当 $C=0$ 时，则网络为完全均衡分布。核心度越接近于 1，则表示该节点在网络中的位置和角色越重要；反之，则该节点越边缘化。

（3）视差滤波

与组团结构、核心–边缘结构类似，主干结构也是网络中一种重要的中尺度结构。在网络中，主干结构是一个稀疏的、（未）加权的子图，只包含该网络中最"重要"或"显著"的一些连边。当原始网络过于密集或连边权重难以解释时，提取网络的主干结构对于理解网络结构非常有效。其中，视差滤波算法利用局部异质性和局部相关性，能够在具有强无序性的加权网络中过滤出优势连接的主干结构，并保留所有尺度上的结构特性和层次（Serrano et al., 2009）。因此，视差滤波算法大大减少了原始网络中边的数量，同时保留了几乎大部分的权重和很大一部分的节点。

为了评估网络中权重在局部尺度上不均衡的影响，对于每一个具有 k 个相连节点的节点 i，可得出计算函数

$$\omega_i(k) = kY_i(k) = k \sum_j p_{ij}^2 \qquad (3\text{-}4)$$

式中，$Y_i(k)$ 为局部异质性的程度；p_{ij} 为节点 i 权重与其所有相邻节点 j 权重的比例。在完全同质性的情况下，当所有的连接均具有相同的节点强度时，$\omega_i(k)$ 等于 1，与 k 无关；而在完全异质性的情况下，当只有一个连接承载了节点的全部强度时，该函数为 $\omega_i(k) = k$。

零模型常被用来定义异常波动，并提供了在纯随机情况下某一节点的差异度量的期望值。对于变量值 x，其概率密度函数为

$$\rho(x)\mathrm{d}x = (k-1)(1-x)^{k-2}\mathrm{d}x \qquad (3\text{-}5)$$

取决于所考虑的节点的度 k。

视差滤波算法通过识别每个节点的哪些连接应该在网络中被保留下来，提取主干网络。零模型允许通过计算给定节点的每条边的概率

α_{ij}，即其归一化权重 p_{ij} 与零假设相一致来进行这种区分。统计学上相关的连边将是那些权重满足以下关系的边：

$$\alpha_{ij} = 1 - (k - 1) \int_0^{p_{ij}} (1 - x)^{k-2} dx < \alpha \qquad (3\text{-}6)$$

需要注意的是，该表达式取决于所考虑的连边所连接的节点的连接数 k。

3.3 "一带一路"贸易网络空间格局

基于 2001 年、2008 年、2013 年和 2020 年四个年份的贸易流量矩阵，本章对"一带一路"贸易网络格局进行了空间可视化，具体结果如图 3-1 所示。从时序演化上看，"一带一路"贸易网络联系持续增加、网络密度不断提升，贸易规模分布呈现出明显的空间异质性，逐步形成了具有明显层级结构、空间上非均衡分布、贸易联系日益紧密的贸易网络格局。其中，无论是在贸易规模上还是贸易联系上，中国均为"一带一路"贸易网络的绝对核心，基本形成了以中国为核心的贸易网络骨架。

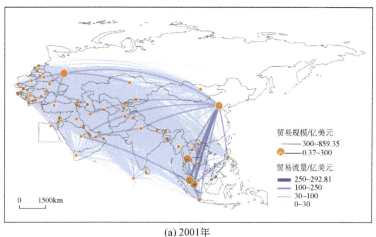

(a) 2001年

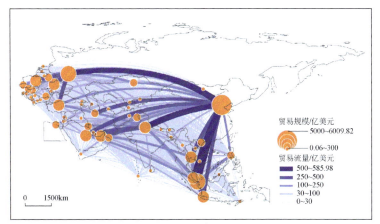

(b) 2008年

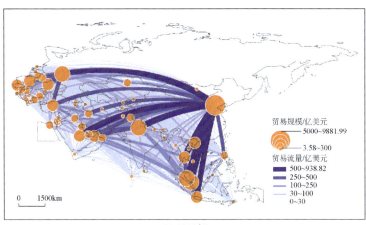

(c) 2013年

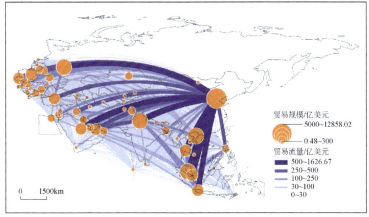

(d) 2020年

图 3-1　贸易网络空间格局

自 2001 年以来，"一带一路"沿线地区国际贸易发展迅速，网络规模总体呈现出先增加后减少的变化趋势。从 2001 年到 2008 年，"一带一路"贸易规模从 0.36 万亿美元快速增长至 1.85 万亿美元，年均增长率高达 26.34%，贸易流量大幅增加。之后，"一带一路"区域贸易稳步增长，至 2013 年，贸易总量达到 2.53 万亿美元，5 年间共增长了 0.68 万亿美元，年均增长率为 6.46%。在这一阶段，由于 2008 年全球金融危机的影响，从 2009 年开始全球经济进入一个相对衰退期，"一带一路"沿线地区国际贸易发展趋于平缓，但贸易网络连通性进一步加强。自 2013 年以来，"一带一路"倡议有力推动了沿线国家间的经贸合作，贸易网络连通性持续提升。然而进入 2020 年以后，由于受新冠疫情和复杂国际形势等因素叠加影响，"一带一路"贸易发展也进入了调整期，2020 年贸易总量相较于 2013 年减少了 0.05 万亿美元，是四个研究年份中首次出现贸易总量负增长的一年，国际贸易发展的结构性调整趋向明显。

从贸易联系上看，"一带一路"贸易网络密度不断提升，层级结构特征明显，骨干网络和中低层级网络结构共同推动了整体网络结构的发展和完善。其中，中国是"一带一路"贸易网络的核心节点，特别是 2008 年以后基本形成了以中国为核心的"一带一路"贸易网络骨架。同时，像印度、俄罗斯、新加坡和马来西亚等国家也在"一带一路"贸易网络中占据重要地位。其中，中国及东南亚国家在"一带一路"整体和区域贸易体系中的地位和作用日益凸显，成为核心和次核心国家，这一点与以往研究结论类似（杨文龙，2018）。在 2001 年，新加坡-马来西亚之间的贸易额是"一带一路"区域中的最高贸易额，达到 292.81 亿美元，占该年份沿线国家间贸易总额的 8.06%；其次是新加坡-中国之间贸易额，为 123.33 亿美元；马来西亚-中国之间的贸易额以 100.07 亿美元位居第三。之后随着经济全球化进程的加快，国际贸易市场涌现出前所未有的活力，商品贸易成为沿线国家经贸合作最重要的体现之一，"一带一路"贸易规模与贸易连通性实现了成倍提升。截至 2008 年，中国与俄罗斯之间的贸易量跃居首位，达到 585.98 亿美元；而新加坡–马来西亚的贸易额达到 546.98 亿美元，几乎为 2001 年的两倍。可见，在贸易网络构建初期，外交关系和地缘距离是两国间开展贸易往来的重要因素，大国主导的地缘博弈深刻影响着"一带一路"沿线地区的贸易格局变化以及贸易合作趋势（宋长青等，2018；杨文龙等，2018）。自 2008 年开始，"一带一路"贸易网络中出现更多的节点对，网络可达性进一步提升，贸易网络层级结构的组织形态日趋复杂。到 2013 年，"一带一路"倡议的提出为沿线国家间贸易合作提供了新的机遇和平台。该年份属于第一层级的节点对由 2008 年的 5 对增加至 9 对，而中国在此贸易网络中表现出绝对的核心地位，涵盖了第一层级 90% 的贸易量。到了 2020 年，已经有三组节点对的贸易规模超过了 1000 亿美元，分别是中国–越南、中国–马来西亚和中国–俄罗斯，中国逐渐成为越来越多沿线国家的最大贸易伙伴国。

从贸易规模上看，"一带一路"沿线国家贸易总量在空间上呈非均衡分布，网络中存在显著的集聚效应和极化特征。近二十年以来，贸易规模超过 2500 亿美元的沿线国家数由 2001 年的 0 个增长至 2020 年的 5 个，长期属于这一层级的国家仅有中国和俄罗斯。其中，作为首位节点，中国在"一带一路"贸易网络中的贸易量占比从 2001 年的 16.22% 上升为 25.86%，集聚效应明显。与此相反的是，贸易规模小于 300 亿美元的节点数由 58 个减少至 35 个，侧面印证了"一带一路"贸易发展的极化效应在网络动态演化过程中愈发显现。作为全球范围内的开放型经济体之一，新加坡在"一带一路"沿线国家中贸易规模排名逐年下降，由最初的第二位跌至第六位。印度、马来西亚的贸易规模在 2013 年达到 2500 亿美元以上，越南在 2020 年也达到这一贸易规模。

3.4 "一带一路"贸易网络组团结构

"一带一路"沿线国家在贸易规模和贸易联系上差异巨大，形成了复杂多维的网络结构形态。为了更清晰地展现网络结构，越来越多的研究者采用 Top 网络的方法，从整个网络中提取主要成分和结构，减少节点和连边信息的冗余和相互遮罩（计启迪等，2021；刘志高等，2019）。具体地，为每个国家保留其贸易量排名靠前的贸易联系，并对所有国家的计算结果采取并集（Liu et al.，2018）。因此，本章首先采用 Top 网络方法提取各年份贸易网络中的 Top 网络，进一步利用组团识别中的 Leiden 算法划分不同年份"一带一路"贸易网络中的组团结构。在计算结果上，4 个年份网络组团结构的模块度分别为 0.45、0.41、0.39 和 0.35，也说明各年份组团划分结果具有良好的稳健性。具体结果如图 3-2 所示。

近 20 年以来，"一带一路"贸易网络基本被划分为 5 个贸易组团。在 2001 年，"一带一路"贸易组团包括俄罗斯-中亚-中东欧组团、中国-东南亚组团、南亚-中东组团、中东组团和土耳其组团。其中，俄罗斯-中亚-中东欧组团由 16 个中东欧国家、4 个中亚国家和 1 个东北

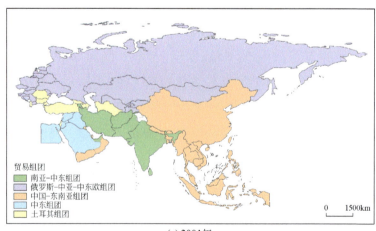

(a) 2001年

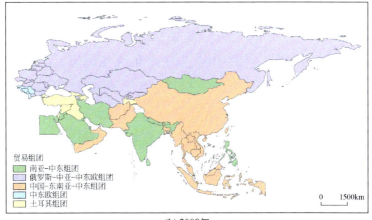

贸易组团

南亚-中东组团
俄罗斯-中亚-中东欧组团
中国-东南亚-中东组团
中东欧组团
土耳其组团

0   1500km

(b) 2008年

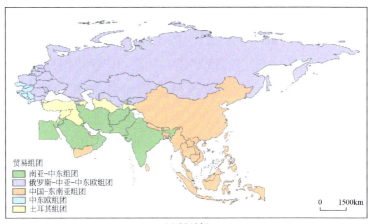

贸易组团

南亚-中东组团
俄罗斯-中亚-中东欧组团
中国-东南亚组团
中东欧组团
土耳其组团

0   1500km

(c) 2013年

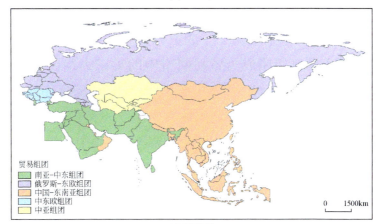

贸易组团

南亚-中东组团
俄罗斯-东欧组团
中国-东南亚组团
中东欧组团
中亚组团

0   1500km

(d) 2020年

图 3-2 贸易网络组团结构

亚国家，共 21 个国家组成。该组团是网络中体量最大的贸易组团，其涉及的贸易总量占 "一带一路" 整体贸易规模的 27.50%。排名第二的是中国–东南亚组团，它由中国、10 个东南亚国家、4 个西亚北非国家和 3 个南亚国家，共 18 个国家构成。5 个西亚北非国家、3 个中东欧国家和 1 个中亚国家组成了土耳其贸易组团，该组团横跨欧亚非三大陆，是 "一带一路" 贸易网络中的重要桥梁。南亚–中东组团则由 8 个国家构成，分别是 3 个西亚北非国家和 5 个南亚国家。中东组团全部由西亚北非国家组成，共有 7 个成员国。在该年份，5 个组团在空间上呈现出明显的分区，运输距离和地缘政治成为沿线国家在寻求贸易合作伙伴时的主要考虑因素。

2008 年 "一带一路" 贸易组团数量没有变化，但组团结构发生了动态变化。以俄罗斯为核心的俄罗斯–中亚–中东欧组团依然是 "一带一路" 贸易网络中拥有成员国数量最多的贸易组团，共有 19 个国家。而以中国为核心的贸易组团，除了与传统东南亚国家普遍相连外，还吸纳了阿联酋、阿曼和也门等中东国家，形成了由 16 个国家构成的中国–东南亚–中东组团。在 2002 年，中国与东南亚国家共同签署了《中国–东盟全面经济合作框架协议》，自此中国与东盟的经贸合作进入了新的发展阶段；而由于能源贸易的重要性，中国对中东国家的能源资源具有巨大需求，能源贸易成为这一时期中国与中东地区的主要贸易形式。在南亚–中东组团中，成员国数量大幅上升，包含了 15 个国家，其超越土耳其组团成为贸易网络中的第三大组团。其中，自印度和新加坡于 2005 年签订《印度–新加坡全面经济合作协定》以来，印新两国经贸合作不断深化，新加坡成为印度的第二大外资国。因此，新加坡从 2001 年的中国–东南亚组团转移至南亚–中东组团，与印度共同成为该组团中的双核心国家。土耳其组团由 8 个西亚北非和 1 个中亚国家构成，表现出明显的地理邻近和地缘区位选择，正如叙利亚是黎巴嫩与伊拉克、土耳其进行贸易往来的唯一陆路通道。中东欧组团脱离于俄罗斯–中亚–中东欧组团，后续发展成为以塞尔维亚、斯洛文尼亚等 6 个中东欧国家共同组成的新兴组团。

继 2008 年全球金融危机后，"一带一路"沿线国家也受到不同程度影响，2013 年的贸易组团格局经历了局部重组。其中，俄罗斯–中亚–中东欧组团、南亚–中东组团的成员国数量均减少了 3 个，中国–东南亚–中东组团和中东欧组团的成员国数量分别增加了 2 个和 4 个。中国与东南亚国家贸易联系日益密切，该年份所有东南亚国家均归属于中国所在的组团。除了地理区位优势外，中国与东南亚国家之间产业内分工水平较高，两者具有明显的产业内贸易特征，更易于促成贸易合作和协作。且随着中国与东盟经贸合作进程深入发展，中国与东南亚国家间形成了更加紧密的贸易联系。同时，更多中东欧国家被划分至中东欧组团，该组团在"一带一路"整体网络中的贸易规模占比由 2008 年的 1.93% 上升至 2013 年的 6.24%，组团内部合作水平有所加深。土耳其组团在 2001～2013 年成员国数量稳定，均为 9 个，仅 1 个国家有所变化，即土库曼斯坦从原先的俄罗斯–中亚–中东欧组团加入土耳其组团，而格鲁吉亚与之相反。为了加强两国经贸合作，土库曼斯坦与土耳其先后签署了多份双边协议，两国在 2013 年的贸易量达到了 27.65 亿美元，占土库曼斯坦该年贸易总量的 15.98%。

"一带一路"倡议的提出进一步巩固并促进了沿线国家间的贸易合作，原有的贸易组团格局正在经历重构，2020 年形成了新的贸易组团结构。中国–东南亚组团不断壮大，成员国数量增长至 21 个，与 2001 年的俄罗斯–中亚–中东欧组团持平，而贸易量是后者的近 14 倍，这是贸易规模扩大和贸易网络深化发展的结果。另一个正向发展的组团是南亚–中东组团，凭借 17 个成员国成为"一带一路"区域的第二大贸易组团。中亚组团脱离于 2013 年的俄罗斯–中亚–中东欧组团和土耳其组团，由 5 个中亚国家组成，形成了独立的贸易组团。在临近中亚国家独立 30 周年的时代背景下，中亚国家间持续强化区域内合作，良好的区域合作基础也有利于消除国际形势波动等因素带来的潜在影响。中东欧组团则依然保持由 10 个成员国构成，其中保加利亚、摩尔多瓦和罗马尼亚代替阿尔巴尼亚、捷克和斯洛伐克成为该组团中的新成员。而俄罗斯–东欧组团规模进一步缩小，仅由 12 个国家组成，组团中的中东欧国家数量逐年减少，南亚和北非国家不断增加。近年来，随着俄罗斯与欧盟关系的微妙变化，俄罗斯与部分中东欧国家的贸易往来也不断弱化，开始寻求西亚和北非等周边国家贸易市场，但该贸易组团整体规模呈现出缩小趋势。土耳其在 2020 年则隶属于南亚–中东组团。

3.5 "一带一路" 贸易网络核心–边缘结构

基于核心–边缘轮廓算法（Rossa et al., 2013），本章进一步计算得到了衡量"一带一路"贸易网络中核心–边缘效应的集中系数和体现节点在网络中地位和角色的核心度。其中，四个年份的集中系数分别为 0.72、0.75、0.77 和 0.79，表明"一带一路"贸易网络具有明显的核心–边缘结构，且核心–边缘结构极化效应明显，并呈稳步上升趋势。参照已有文献（Chen and Zhang, 2022），根据核心度指标，进一步把沿线国家划分为四种类型。其中，核心度大于 0.3 的节点被划分为核心国家，核心度在 0.1~0.3 的节点被划分为次核心国家，核心度在 0.01~0.1 的节点被列为次边缘国家，而边缘国家则是指剩余的核心度低于 0.01 的全部节点（图 3-3）。

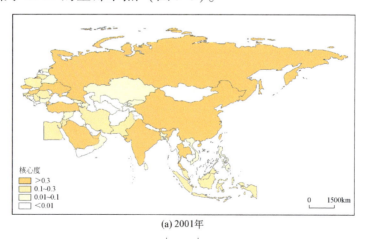

(a) 2001年

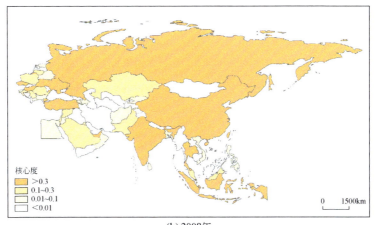

(b) 2008年

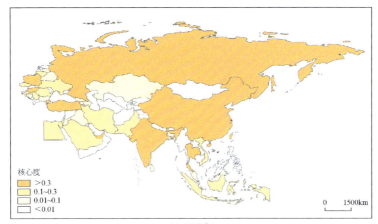

(c) 2013年

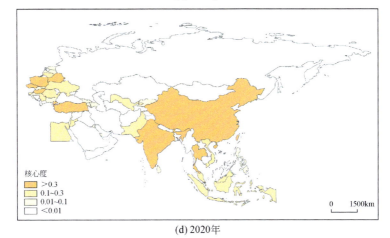

(d) 2020年

图 3-3　贸易网络核心–边缘结构

总体上，"一带一路"贸易网络的核心-边缘结构正在经历结构性调整，核心结构和边缘结构呈现出明显的分化，核心-边缘极化效应明显。具体地，超过半数的国家在网络中的核心度等级发生了变化，核心国家和边缘国家间的差距不断拉大，位于核心结构的国家正在减少。核心国家数量从 2001 年和 2008 年的 11 个减少为 2013 年与 2020 年的 9 个；而处于边缘位置的国家却在不断增加，20 年间从 24 个持续增长至 29 个；半核心与半边缘国家的数量也随之出现波动变化。从发展机制上，核心-边缘结构的动态变化是"一带一路"贸易网络在受到内部因素（政局形势、经济结构和政策调整等）和外部因素（国际形势、对外关系、贸易市场变化等）多重因素影响下的自我调节反馈。

在核心结构中，2001~2020 年，中国、印度、新加坡、土耳其、泰国和匈牙利 6 个国家一直属于核心国家。其中，自 2008 年经历全球金融危机后，中国超越新加坡和俄罗斯成为整个"一带一路"贸易网络中的核心国家。难以忽略的是，中国始终为"一带一路"进出口贸易总量最大的国家。作为南亚最大的国家，印度在贸易网络中的地位也一路攀升。然而，自 2008 年以来，受到卢比贬值、外汇储备下降以及世界经济整体形势等因素影响，印度的对外贸易由 2001 年的顺差转为逆差，贸易赤字持续扩大。凭借独特的地理区位，新加坡和土耳其在贸易网络中扮演着重要角色。前者是全球范围内著名的转口贸易港，承担着该区域贸易体系中大量的转口贸易；后者地处欧亚非三大洲交界处，经济规模和地缘优势突出，故此有机会重回贸易枢纽的核心位置。受国际政治经济环境等因素影响，泰国在"一带一路"贸易网络中的核心度持续降低。作为中东欧地区的门户枢纽，匈牙利在"一带一路"贸易网络中的地位和作用长期稳定，20 年来核心度浮动仅为 0.0160。

值得注意的是，有 4 个国家在 2020 年"一带一路"贸易网络的"核心-边缘"结构中出现了明显的等级突变。在 2020 年，俄罗斯、阿联酋和沙特阿拉伯 3 个国家同时由历年的核心或半核心国家转变至边缘国家,核心度降低显著。由于国际环境、新冠疫情、石油价格波动等多重影响,阿联酋和沙特阿拉伯两国极大依赖石油出口的国家受到重创,与其他国家的贸易往来也大大减少。俄罗斯与欧盟长期紧张的经贸关系导致其在 2020 年的对外贸易大幅下降,经济萎缩明显。与此同时,白俄罗斯则在 2020 年表现出强大的经济活力,从往年的半边缘国家跻身至核心国家,这主要得益于白俄罗斯与中国间贸易量的极大增长。

此外,归属于边缘或半边缘国家的数量不断增多,从 2001 年的 39 个国家逐渐上升至 2020 年的 44 个国家。保加利亚、斯里兰卡、阿塞拜疆、黎巴嫩、吉尔吉斯斯坦、斯洛伐克共和国和格鲁吉亚等国长期处于"一带一路"贸易网络中的边缘或半边缘位置,上述国家普遍对外贸易规模较大、贸易联系简单,主要集中于同邻近接壤国家建立贸易联系。

3.6 "一带一路"贸易网络主干结构

从连通性出发,进一步运用视差过滤算法,在保留网络的主要属性和结构的前提下,剔除原始网络中边数过多对网络主干识别的干扰,识别贸易网络中的主干框架。这些主干结构是整个网络的核心结构,支撑起整个贸易网络的联系和运行。计算结果如图 3-4 所示。随着时间演化,"一带一路"贸易网络主干结构不断拓展和分化,呈现出向核心国家集聚的变化趋势,形成了以中国为绝对核心、向外辐射并联系整个区域的主干网络格局,印度、俄罗斯、土耳其在局部区域也形成了各自的主干网络。

在时序上,"一带一路"主干网络密度呈现先增加后减少的过程,主干网络整体更加集中。在 2001 年,沿线国家间的 216 组贸易对构成了"一带一路"贸易网络的主干结构。在该主干结构中,中国和俄罗斯分别与 38 个和 30 个国家构建了贸易联系,是网络中最重要的两个

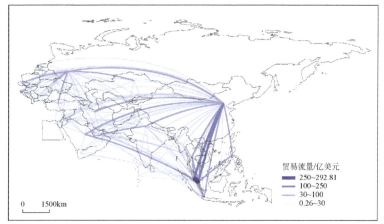

(a) 2001年

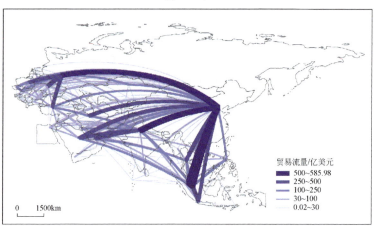

(b) 2008年

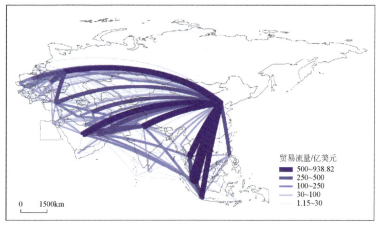

(c) 2013年

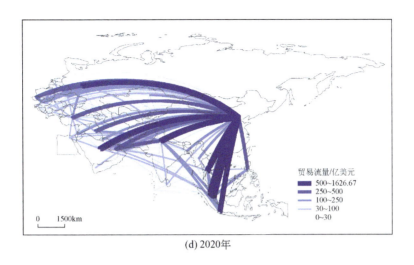

(d) 2020年

图 3-4 贸易网络主干结构

枢纽国家。到 2008 年，"一带一路"贸易网络的主干结构实现进一步拓展和丰富，共出现了 241 条贸易对，比 2001 年多出 25 条。除了中国和俄罗斯，印度和土耳其在主干网络中的合作国家数也有所提升。在全球经济重心日趋东移背景下，为了实现进口多元化，印度同沙特阿拉伯、伊朗、伊拉克和科威特等 8 个中东国家的经贸关系不断加深。随着地缘政治和对外经济联系的强化，土耳其从乌克兰的进口额由 2001 年的 7.58 亿美元大幅增长至 2008 年的 61.06 亿美元。2013 年共有 240 条贸易对构成"一带一路"主干网络，与 2008 年的骨干网络重合度高达 83.33%，且该部分贸易额占据 2013 年总贸易额的 83.85%。这也说明，在这一时期"一带一路"沿线国家贸易环境相对稳定，在维系现有贸易合作伙伴的基础上，贸易骨干结构未发生重大变化，上述主干结构是"一带一路"贸易合作的主体结构。"一带一路"倡议的正式提出，是沿线国家实现互联互通的历史前提。2020 年，主干网络转变为由 218 条贸易对构成，较 2013 年共减少了 22 条，贸易骨干结构进一步明晰，展现出一定程度的集聚态势，"一带一路"主干结构正在经历明显的空间重构过程。在贸易结构上表现为，"一带一路"

各国间的贸易伙伴选择近九成集中在中国、土耳其、印度、俄罗斯、波兰、泰国、新加坡、塞尔维亚、匈牙利和保加利亚 10 个国家。

从主干节点来看，"一带一路" 贸易主干网络开始向少数国家集聚，中国、俄罗斯、印度是主干网络中的传统重要节点。中国始终是主干网络中最具连通性的国家，其贸易对数量一直随网络的演变不断增加，从 2001 年的 38 条增加至 2020 年的 59 条。正如《"一带一路"建设发展报告（2020）》中指出，中国在 "一带一路" 贸易网络中发挥着越来越重要的枢纽与发动机作用，同 "一带一路" 沿线国家间的贸易合作水平也在不断提升（柴瑜等，2020）。而俄罗斯近年来受国际关系影响，在 2020 年贸易对数量下跌至 20 条。印度在主干网络演变过程中相对稳健，其贸易对数量仅在 2008 年有所上升，后续年份保持不变。土耳其和波兰的贸易对数量保持增长态势，2001 年以来，前者从 12 条增长至 2020 年的 24 条，后者由 8 条增长至 16 条，均实现了双倍增长。而受限于资源禀赋和国际经贸市场变化等影响，新加坡在 "一带一路" 贸易网络中的地位和作用逐步降低，在主干网络中的贸易对由 2001 年仅次于中国和俄罗斯的 22 条一直减少至 2020 年的 11 条，说明其网络连通性已大为降低。但不可忽视的是由于地理区位和港口优势，新加坡依然是重要的贸易枢纽。

3.7　结论与讨论

"一带一路" 倡议合作重点在于 "五通"，而贸易畅通是 "五通" 中的重要内容和关键环节。以古丝绸之路沿线 65 个国家为研究对象，基于长时序 "一带一路" 贸易网络数据库，本章综合集成多种网络科学领域前沿分析算法，构建测度贸易网络连通性的分析框架，从节点、连边两个维度考察 "一带一路" 贸易网络的时空格局、拓扑关系以及结构性演化，以期能为新时期 "一带一路" 框架下优化贸易发展格局、提升产业链供应链韧性等提供有益参考。与以往研究相比（Liu et al., 2018；宋周莺等，2017；杨文龙等，2018），本章识别出的结论既有相似性，也存在着明显的差异性。

研究结果表明：①"一带一路"贸易网络联系持续增加、网络密度不断提升，贸易规模分布呈现出空间异质性，逐步形成了具有明显层级结构、空间上非均衡分布、贸易联系日益紧密的贸易网络格局。其中，无论是在贸易规模上还是贸易联系上，中国均为"一带一路"贸易网络的绝对核心，基本形成了以中国为核心的贸易网络骨架。②"一带一路"贸易网络形成了五个贸易组团，组团结构具有显著的地理邻近性，地理距离在全球及区域尺度的国际贸易体系分工演化中依然具有重要作用。③"一带一路"贸易网络的核心-边缘结构正在经历结构性调整，核心结构和边缘结构呈现出明显的分化，核心-边缘极化效应明显。④"一带一路"贸易网络骨干结构不断拓展和丰富，呈现出向核心国家集聚的变化趋势，形成了以中国为绝对核心、向外辐射并联系整个区域的骨干网络格局，印度、俄罗斯、土耳其在局部区域也形成了各自的骨干网络。

"一带一路"倡议旨在实现更广泛的国家和更大规模的人口共享人类发展成果，实现互利共赢、合作发展，构建人类命运共同体。但从"一带一路"贸易网络连通性上看，区域不平衡发展问题依然突出。未来，"一带一路"经贸合作在充满机遇的同时，也面临着诸多挑战和问题。未来，"一带一路"建设应更加坚定不移地推动经贸合作，提高沿线国家间贸易连通性水平，建立更高水平、更广范围的自由贸易协定体系，进一步降低贸易壁垒、减少贸易争端、消除贸易对抗，充分释放国际贸易带来的合作发展和互利互惠，让贸易发展的好处普及更多的沿线国家和人民。结合当前国际政治经济形势，未来，一方面，中国应坚定地推动与沿线地区更加开放、更高水平的经贸合作，促进与沿线区域的贸易互联互通，提高在"一带一路"贸易网络中的地位和影响力；另一方面，中国也应更加注重与贸易节点国家的经贸合作，提升应对外部冲击和节点损失带来的潜在影响，加快构建复杂嵌套、多元互补、自主可控的商品链和供应链网络体系。

网络中的多尺度结构一直是网络科学领域的前沿议题，节点和连边在不同尺度上的相互作用共同塑造了具有复杂性和动态性的网络拓扑结构。其中，中尺度结构介于宏观和微观尺度之间，提供了一种透视网络中内蕴的固有的结构性特征的分析视角，对于理解和认识网络连通性具有至关重要的意义。网络连通性是测度经济体重要性和贸易网络运作的关键指标。本章构建了2001～2020年"一带一路"贸易网络，利用多种网络分析前沿算法从"点-边"两个维度间接展现和探讨贸易网络连通性，但仍缺乏对网络连通性的直接量化表达。同时，由于不同类目产品的贸易价值在贸易网络中并不具有一致性，尤其是能源、矿石等具有强地理依附性的产品。因此，本书下一步研究考虑着眼于进一步细化贸易产品或聚焦至某一具体产品，结合网络分析前沿算法，深入研究贸易网络结构连通性演化测度的量化表征，以期更好地挖掘"一带一路"贸易网络演化背后的驱动机制及其空间效应。

参 考 文 献

柴瑜，王晓泉，任晶晶，等.2020. "一带一路"建设发展报告（2020）.北京：社会科学文献出版社.

陈继勇，李知睿.2018.中国对"一带一路"沿线国家直接投资的风险及其防范.经济地理，38（12）：10-15, 24.

陈韬，贺灿飞.2020.国际贸易地理研究进展.地理科学进展，39（10）：1732-1746.

陈伟，刘卫东，柯文前，等.2017.基于公路客流的中国城市网络结构与空间组织模式.地理学报，72（2）：224-241.

丛海彬，邹德玲，高博，等.2021. "一带一路"沿线国家新能源汽车贸易网络格局及其影响因素.经济地理，41（7）：109-118.

段德忠，杜德斌.2020.全球高科技产品贸易结构演化及影响因素.地理学报，75（12）：2759-2776.

国家发展改革委，外交部，商务部.2015.推动共建丝绸之路经济带和21世纪海上丝绸之路的愿景与行动.北京：外文出版社.

计启迪，刘卫东，陈伟，等.2021.基于产业链的全球铜贸易网络结构研究.地理科学，

41（1）：44-54.

蒋小荣，杨永春，汪胜兰 . 2018. 1985-2015 年全球贸易网络格局的时空演化及对中国地缘战略的启示 . 地理研究，37（3）：495-511.

刘卫东，宋周莺，刘志高，等 . 2018. "一带一路"建设研究进展 . 地理学报，73（4）：620-636.

刘卫东，田锦尘，欧晓理，等 . 2017. "一带一路"战略研究 . 北京：商务印书馆 .

刘卫东 . 2015. "一带一路"战略的科学内涵与科学问题 . 地理科学进展，34（5）：538-544.

刘卫东 . 2019. 共建绿色丝绸之路：资源环境基础与社会经济背景 . 北京：商务印书馆 .

刘志高，王涛，陈伟 . 2019. 中国崛起与世界贸易网络演化：1980-2018 年 . 地理科学进展，38（10）：1596-1606.

吕越，马明会，李杨 . 2022. 共建"一带一路"取得的重大成就与经验 . 管理世界，38（10）：44-56，95.

宋长青，葛岳静，刘云刚，等 . 2018. 从地缘关系视角解析"一带一路"的行动路径 . 地理研究，37（1）：3-19.

宋周莺，车姝韵，杨宇 . 2017. "一带一路"贸易网络与全球贸易网络的拓扑关系 . 地理科学进展，36（11）：1340-1348.

杨文龙，杜德斌，马亚华，等 . 2018. "一带一路"沿线国家贸易网络空间结构与邻近性 . 地理研究，37（11）：2218-2235.

张彩云，桑百川 . 2022. 外资服务构建新发展格局的理论逻辑与路径分析 . 中国特色社会主义研究，（Z1）：56-65.

张海朋，刘卫东，刘志高 . 2021. "一带一路"倡议下中国与重要节点地区的贸易格局及影响因素——以外高加索国家为例 . 地理与地理信息科学，37（1）：135-142.

Andresen M A. 2010. Geographies of international trade：Theory，borders，and regions. Geography Compass，4（2）：94-105.

Blondel V D，Guillaume J L，Lambiotte R，et al. 2008. Fast unfolding of communities in large networks. Journal of Statistical Mechanics：Theory and Experiment，（10）：P10008.

Boyd J P，Fitzgerald W J，Beck R J. 2006. Computing core/periphery structures and permutation tests for social relations data. Social Networks，28（2）：165-178.

Chen W，Liu W D，Ke W Q，et al. 2018. Understanding spatial structures and organizational patterns of city networks in China：A highway passenger flow perspective. Journal of Geographical Sciences，28（4）：477-494.

Chen W，Wang N Y. 2022. Visualizing the changing geographies of international trade，2000-19. Regional Studies，Regional Science，9（1）：132-134.

Chen W，Zhang H P. 2022. Characterizing the structural evolution of cereal trade networks in the Belt and Road regions：A network analysis approach. Foods，11（10）：1468.

Chen W. 2021. Delineating the spatial boundaries of megaregions in China：A city network perspective. Complexity，2021：1-10.

Grant R. 1994. The geography of international trade. Progress in Human Geography，18（3）：298-312.

Hirte G，Lessmann C，Seidel A. 2020. International trade，geographic heterogeneity and interregional inequality. European Economic Review，127：103427.

Krugman P，Cooper R N，Srinivasan T N. 1995. Growing world trade：Causes and consequences. Brookings Papers on Economic Activity，（1）：327-377.

Landesmann M A，Stöllinger R. 2019. Structural change，trade and global production networks：An 'appropriate industrial policy' for peripheral and catching-up economies. Structural Change and Economic Dynamics，48：7-23.

Liu W D，Dunford M. 2016. Inclusive globalization：Unpacking China's Belt and Road Initiative. Area Development and Policy，1（3）：323-340.

Liu Z G，Wang T，Sonn J W，et al. 2018. The structure and evolution of trade relations between countries along the Belt and Road. Journal of Geographical Sciences，28（9）：1233-1248.

Niu X Y，Chen W，Wang N Y. 2023. Spatiotemporaldynamics and topological evolution of the global crude oil trade network. Energies，16（4）：1728.

Poon J P. 1997. The cosmopolitanization of trade regions：Global trends and implications，1965—1990. Economic Geography，73（4）：390-404.

Rossa F D，Dercole F，Piccardi C. 2013. Profiling core-periphery network structure by random walkers. Scientific Reports，3（1）：1467.

Serrano M Á，Boguñá M，Vespignani A. 2009. Extracting the multiscale backbone of complex weighted networks. Proceedings of the National Academy of Sciences，106（16）：6483-6488.

Traag V A，Waltman L，Van Eck N J. 2019. From Louvain to Leiden：Guaranteeing well-connected communities. Scientific Reports，9（1）：5233.

Vinokurov E，Tsukarev T. 2018. The Belt and Road Initiative and the transit countries：An economic assessment of land transport corridors. Area Development and Policy，3（1）：93-113.

第4章 "一带一路"贸易门户国家识别

全面认识"一带一路"贸易网络连通性、科学识别"一带一路"贸易合作的关键节点，对于推进"一带一路"高质量发展具有重要意义。从网络连通性视角出发，本章提出了"门户国家"的概念，综合集成 Top 网络、组团识别、门户系数等前沿网络分析方法，考察"一带一路"贸易网络时空格局演化，剖析贸易组团结构性变迁过程，识别贸易门户国家及其功能作用，以期为中国开展对外经贸合作、推进"一带一路"建设提供科学决策依据。作为凝聚和支撑"一带一路"贸易体系的功能性节点和战略性枢纽，门户国家在提升贸易网络连通性方面发挥着至关重要的作用，也应成为中国与沿线地区开展经贸合作的优先战略选择。

4.1 研究背景

作为新时代中国全方位对外开放的重大战略举措和经济外交的顶层设计，"一带一路"已经成为当今世界深受欢迎的国际公共产品和国际合作平台。截至 2023 年，中国已经同 150 多个国家和 30 多个国际组织签署了 200 余份共建"一带一路"合作文件。"一带一路"倡议经历了由中国倡议到国际共识、从理念到全面行动的巨大转变，成为世界范围内探索全球经济治理新模式、推动构建人类命运共同体的新平台（刘卫东等，2018）。"一带一路"倡议强调"共商、共建、共享"的原则，坚持和平、合作、发展、共赢的核心理念，以政策沟通、设施联通、贸易畅通、资金融通和民心相通为五个重点合作领域（刘卫东，2015）。而其中，贸易畅通是"一带一路"建设的重要内容和核心环节，是"一带一路"倡议与WTO等多边贸易机制实现有机联动、相互补充的重要接口，是促进中国与沿线地区开展区域合作、实现经济繁荣发展的重要手段，直接关系到"一带一路"建设的实际成效，并对新形势下开放、包容、自由和多元的国际贸易体系构建具有积极促进作用。因此，全面认识"一带一路"贸易网络连通性、科学识别"一带一路"贸易合作的关键节点，成为高效推进"一带一路"建设、实现经济高质量发展的现实需要。

随着"一带一路"建设逐步推进，中国与沿线国家的经贸联系日趋紧密，"一带一路"经贸合作引起了国内外学术界的广泛关注。主要研究视角集中在贸易格局（邹嘉龄和刘卫东，2016）、商品结构（公丕萍等，2015）、影响因素（Liu et al.，2020；许阳贵和刘云刚，2019）、环境效应（Salam and Xu，2022；Tian et al.，2019；Wang et al.，2022）、地缘关系（蒋小荣等，2018）和贸易效应（Baniya et al.，2020；Yu et al.，2020）等方面，深化了对"一带一路"沿线区域总体贸易格局的基本认知。而近年来，随着网络科学领域的进步，社会网络和复杂网络分析方法发展迅猛，网络分析凭借其独特视角成为各个学科开展交叉和集成研究的重要技术方法（王文宇和贺灿飞，2022）。在此背景下，国际贸易的空间流动和网络化发展趋向构建的贸易网络体系获得了普遍关注（段德忠和杜德斌，2020；刘志高等，2019；杨文龙等，2022）。而"一带一路"贸易网络研究也逐渐升温，主要围绕整体贸易和特定产业或产品的贸易格局、拓扑结构、空间组织、影响因素等方面开展（Chen and Wang，2022；种照辉和覃成林，2017；Chong et al.，2019；Xu et al.，2021）。然而，由于贸易网络存在复杂的嵌套关系和交互机制，而现有研究尚未顾及核心结构和关键性节点在连通不同尺度贸易网络中的作用和角色，这导致未能全面揭示"一带一路"贸易网络中具有战略性、枢纽性作用的特殊节点及其功能性。

自 21 世纪以来，全球化进程有力推动了国际贸易的发展（朱晟君等，2022），国际贸易不断重塑全球经济地理格局，从而形成了具有复杂性、动态性和交互性的世界贸易网络体系（Chen and Wang，2022；刘志高等，2019）。在该贸易体系中，一些重要的节点国家成为向上对接全球（全局）贸易网络、向下连接区域（局部）贸易组团的"门户枢纽"或者"中间通道"，这些"门户枢纽"承担着沟通和联系全局和局部贸易集团的特殊作用，是凝聚和支撑全球贸易网络体系的功能性节点和战略性枢纽。因此，这些具有"门户枢纽"性质的节点国家成为中国高效推动"一带一路"建设、与沿线国家开展经贸合作的优先战略选择，这里，本研究将其称为"门户国家"（gateway country）。然而，由于当前贸易网络研究较少顾及不同尺度贸易网络的交互作用关系，一定程度上忽视了贸易门户国家在"一带一路"贸易网络连通性中扮演的角色和作用，当前研究未能有效识别"一带一路"贸易网络中的"门户国家"。因此，需要构建兼顾不同尺度网络连通性特征的分析框架，定量识别贸易网络中起"门户枢纽"作用的关键国家和地区，从而为全面理解全球化和区域化交互作用背景下贸易门户国家在世界贸易体系中的特殊地位和作用提供潜在路径和方向指引。

因此，为弥补上述研究的不足，本章提出了"门户国家"的概念，从网络连通性视角出发，构建解析"一带一路"贸易网络组织形态的研究框架，综合集成 Top 网络、组团识别和门户系数等前沿网络分析方法，结合地理网络和拓扑网络可视化技术，揭示"一带一路"贸易网络的结构性特征与演化过程，科学识别"一带一路"贸易网络中的"门户国家"及其功能作用，提出开展"一带一路"经贸合作的重点国家和地区，为中国推进"一带一路"高质量发展提供科学决策依据。

4.2 研究方法与数据处理

4.2.1 数据处理

本章以商品贸易为研究对象，基于联合国商品贸易统计数据库（UN comtrade database）的数据，整理了"一带一路"沿线国家和地区间的贸易流量矩阵，并最终构建了 2000 年以来"一带一路"沿线国家间贸易网络。为刻画长时序"一带一路"贸易网络演化过程，本章分别选取 2000 年、2010 年和 2021 年三个年份作为研究截面。需要说明的是，东帝汶、黑山分别于 2002 年、2006 年取得独立并正式成为联合国成员，因此，2000 年"一带一路"空间范围仅为 63 个国家和地区，2006 年以后为现在的 65 个国家和地区。在该复杂网络中，本研究用节点表示国家或地区，用连边表示贸易关系，用贸易额表示国家间贸易的权重，分别构建了有向加权网络和无向加权网络，以此表征"一带一路"国家间的贸易网络联系格局。

4.2.2 研究方法

（1）Top 网络

在真实世界网络中，由众多节点和连边构成的网络过于复杂，不利于展现出清晰的网络结构，因此通常通过提取网络的主干结构达到简化网络整体结构的目的。其中，Top 网络是提取网络主干结构的常用方法之一（Liu et al., 2018）。在贸易网络研究中，Top 网络通过保留每个国家联系最紧密的贸易伙伴国和相应的贸易联系，提取贸易网络主干结构，减少相对较弱的贸易联系对网络整体信息的遮罩（刘志高等，2019；计启迪等，2021）。例如，Top1 网络包含了所有国家各自贸易量最大的贸易联系，Top2 网络包含了所有国家各自贸易量前两位的贸易联系，以此类推。在网络特征方面，虽然 Top 网络并未显示全部的贸易联系，但其包含了贸易网络中的主要信息，在精简数据、便于分析的同时保留了网络的总体结构和关键特征。因此，本章采用 Top 网络分析方法提取 2000 年以来 "一带一路" 贸易网络主干结构，以揭示其演化特征。

（2）组团识别

作为网络科学中的核心议题，组团识别（community detection）是指将一个网络划分为若干个子集，每个组团内部节点间的联系紧密，而组团与组团之间的联系却相对稀疏（Chen，2021；陈伟等，2017）。其中，模块度是最著名的衡量方法之一。模块度通过使组团中实际的边数（或总权重）与这类边的预期数量间的差异最大化，达到衡量网络划分的效果。随后，不少模块度优化算法陆续被提出，其中，Louvain 算法成为当前最流行的测度算法之一（Blondel et al.，2008）。

然而，由于 Louvain 算法在迭代过程中容易产生连接较弱甚至不连接的组团结构（Traag et al.，2019），Leiden 算法随后被创造出用以弥补 Louvain 算法存在的该缺陷（Traag et al.，2019）。Leiden 算法利用了加快节点局部移动、将节点移动到随机邻居的思想，从而保证组团以更高的模块度和更高的计算效率紧密连接。Leiden 算法包括三个阶段：①局部节点移动；②组团划分的修正；③基于修正的网络聚合。

具体地，Leiden 算法是通过迭代运算收敛到一个分组，其中所有组团的所有子集都保证是局部最优分配的。假定 $G = (V, E)$ 是一个图，具有 $n = |V|$ 的节点和 $m = |E|$ 的边。分组 $P = \{C_1, \cdots, C_r\}$ 由 $r = |P|$ 组团组成，其中每个组团 $C_i \subseteq V$ 由一组节点和一组 S 构成组团 C。Leiden 算法部分依赖于算法的随机性。在该定义中，P 是图 $G = (V, E)$ 的一个统一分区。对于一组节点 $S \subseteq C \in P$，组团区中的节点子集

总是与组团的其他部分相连，其密度至少为 γ。其公式表示为

$$E(S, C–S) \geqslant \gamma \parallel S \parallel \cdot \parallel C–S \parallel \qquad (4-1)$$

在该算法中，γ（分割性）和 γ（连通性）这两个属性在每次迭代中均得到优化。

（3）门户系数

作为一种重要的拓扑属性，组团结构普遍存在于真实网络中。在组团结构的框架下，那些能够在组团间形成紧密连接的节点被称为枢纽节点（hubs）（Sporns et al., 2007），这些枢纽节点在支撑和提高网络沟通效率方面发挥了关键性作用（Guimera and Amaral, 2005）。为了识别具有上述特征的枢纽节点，各类网络分析方法相继被提出，其中，门户系数算法（gateway coefficient）凭借其高效简洁的特征得到了广泛认可，通过有效测度组团间连通性，定量化评价单一节点在整个网络的组团内与组团外连接中的参与程度（Vargas and Wahl, 2014）。根据所有节点在网络组团间以及自身组团内部连接中的参与程度，门户系数算法可实现对节点重要性的排序，从而识别不同节点在网络连通性中的角色和作用（图 4-1）。因此，门户系数算法为精准识别网络结构中的门户节点提供了一个有效工具，具体被定义为

$$G_i = 1 - \sum_{S \in N} \left(\frac{k_{iS}}{k_i} \right)^2 (g_{iS})^2 \qquad (4-2)$$

式中，N 为组团的集合；k_i 为 i 的节点度；k_{iS} 为节点 i 与模块 S 中所有节点之间的连接数。

进一步，为求和中每一项引入一个反映连接重要性的权重，该权重被定义为

$$g_{iS} = 1 - \overline{k_{iS}} \, \overline{c_{iS}} \qquad (4-3)$$

式中，$\overline{k_{iS}}$ 被定义为 k_{iS} 除以节点 i 所在组团中所有节点 j 的 k_{iS} 之和，k_{jS} 可以由组团 M 和组团 S 之间外在连接的总数进行归一化，其中 M 是节

点 i 所属的组团。因此，该权重的范围在 $0 \sim 1$。

假设 V_{iS} 表示组团 S 内节点 i 的邻居集合，c_{iS} 则被定义为 V_{iS} 中节点中心性之和。假设 c_n 表示组团 n 中节点中心性之和，c_n 可以由网络中所有 N 个组团计算得到。进一步采用最大值对 c_{iS} 进行归一化处理，得到以下定义 $\overline{c_{iS}} = c_{iS} / \max(c_n)$。$\overline{c_{iS}}$ 的取值范围在 0 到 1 之间，一个节点的邻居节点越重要，则 $\overline{c_{iS}}$ 的值越大。

度中心性衡量的是一个节点的相对重要性，而中介中心性是基于两个节点之间最短路径概念的一种更普遍的衡量方法。需要说明的是，任何一种中心性指标都可以被运用到门户系数的计算中，并且同时适应无向和有向网络。

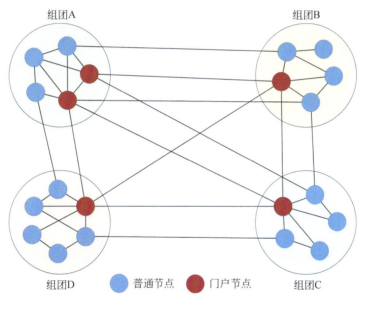

图 4-1　网络中门户节点识别示意图

4.3 "一带一路" 贸易网络格局演化

基于联合国商品贸易统计数据库，以沿线国家为节点，双边贸易流为连边,本章构建了 2000 年以来"一带一路"贸易网络,并对其进行空间可视化,结果如图 4-2 所示。其中,节点大小代表每个国家对沿线其他国家的贸易总量,连边粗细和颜色深浅表征的是国家间的贸易流量。2000 年以来,"一带一路"沿线各国贸易规模不断壮大,呈现出明显的空间分异特征,逐步形成了联系日益紧密、结构日趋复杂、层级特征明显的贸易网络结构。其中,中国在"一带一路"贸易网络中处于核心地位,其于 2001 年加入世界贸易组织,此后国际贸易快速发展并深度融入世界贸易网络体系当中,极大改变了全球贸易格局和"一带一路"贸易网络结构。

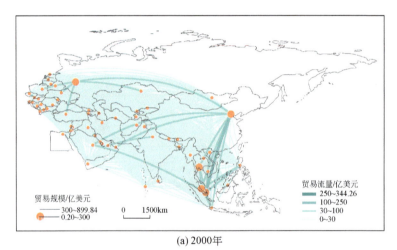

(a) 2000年

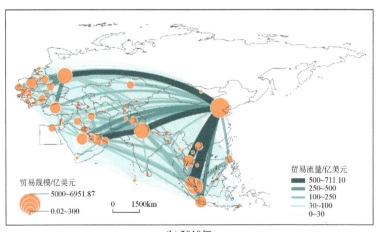

(b) 2010年

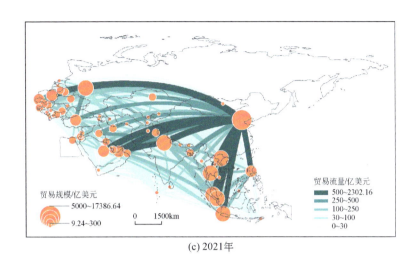

(c) 2021年

图4-2 贸易网络格局演化

"一带一路"沿线国家贸易规模持续扩张，总体呈现出先快速增长、后增速放缓的态势。2000~2010年，"一带一路"沿线区域贸易总量从0.36万亿美元增长到1.87万亿美元，年均增长率高达17.91%。随后沿线区域贸易规模继续扩大，2021年达到了3.41万亿美元，11年间共增长1.54万亿美元，"一带一路"区域贸易网络初具规模。但近年来受复杂国际形势等因素影响，2010~2021年"一带一路"沿线地区贸易增速相对降低，年均增长率为5.61%。

从贸易规模上看，"一带一路"沿线国家贸易总量显示出空间不均衡分布态势，核心节点突出，具有明显的极化效应和等级特征。从2000年到2021年，贸易总额超过1000亿美元的节点由0个增加至14个。第一大贸易国在沿线地区的贸易量占比不断攀升，从2000年的12.55%上升至2021年的25.49%；而第二大至第五大贸易国的贸易量占比持续下降，贸易格局由"多中心"演变为"一超多强"。在2000年，新加坡、中国、马来西亚和俄罗斯分别占据"一带一路"沿线国家贸易规模的前四位，贸易总额均在600亿美元以上。随后，新加坡的贸易规模排名逐年下降，2021年已跌至第六位；马来西亚和俄罗斯的排名相对稳定，始终居于前五位；而中国的贸易规模迅速扩大并上升至第一位，于 2021 年达到 1.74 万亿美元，是排名第二位国家的近 5 倍。印度和越南在 "一带一路" 沿线国家中贸易规模排名有所提升，于 2021 年分别达到第二位和第五位。

从贸易联系上看，"一带一路" 沿线国家间双边贸易联系不断增强，贸易流量持续增大，网络层级结构特征明显。在 2000 年，"一带一路" 沿线各国贸易额相对较小，贸易流量分布相对均衡，地缘距离相近的国家间贸易联系相对紧密。第一层级和第二层级的节点对均有且仅有 1 对，分别为新加坡–马来西亚和新加坡–中国，对应的贸易额为 344.26 亿美元和 121.75 亿美元。随着经济全球化进程加深以及各国开放程度的提高，"一带一路" 沿线国家间的贸易流量实现了成倍增长。至 2010 年，中国和马来西亚之间的贸易额以 711.10 亿美元跃居首位，中国和俄罗斯之间的贸易额由 67.19 亿美元增长至 648.75 亿美元，增长近九倍。中国和印度、新加坡、泰国之间的贸易额，以及新加坡和马来西亚、印度和阿联酋之间的贸易额也都达到了 500 亿美元以上，第一层级的节点对增长至 7 对。到了 2021 年，贸易规模超过 500 亿美元的节点对已达到了 13 对，其中，中国–越南和中国–马来西亚的贸易规模超过了 1500 亿美元。自 2010 年以来，在第一层级网络中，中国参与的节点对的贸易规模占比由 74.68% 上升至 90.23%，中国逐渐成为越来越多沿线国家最重要的贸易合作伙伴，是 "一带一路" 沿线贸易网络的绝对核心。

4.4 "一带一路" 贸易主干结构演化

为更加清晰地刻画 "一带一路" 贸易网络结构，本章运用 Top 网络方法提取复杂网络的主要信息和关键特征，为后续开展 "一带一路" 贸易组团识别提供基础。表 4-1 描述了 2000 年、2010 年和 2021 年 3 个年份 Top 网络的联系数量和贸易规模在原始网络中的占比。在

2000 ~ 2021 年，平均而言，Top1、Top2 和 Top3 网络分别只包含了大约 3%、7% 和 10% 的连边数量，但却分别占据了 45%、65% 和 75% 左右的贸易总量。具体而言，以 2021 年为例，虽然 Top3 网络只占全部贸易联系中的 10.66%，但却占据了全部贸易规模的 77.99%，从而达到了用较少贸易联系来表征最主要的网络信息特征的目的。因此，为准确地刻画出贸易网络的总体格局和主要特征，本章以 Top 网络中连边占比大于 10%、贸易额占比大于 70% 为标准，提取 Top3 网络来反映 "一带一路" 贸易网络的主干结构，并对其进行空间可视化（图 4-3）。

表 4-1　"一带一路" 沿线地区 Top 网络结构占比　　　（单位:%）

年份	联系数量占比			贸易规模占比			原始网络
	Top1	Top2	Top3	Top1	Top2	Top3	
2000	3.80	7.59	11.39	42.47	60.28	74.30	100
2010	3.45	6.91	10.36	45.00	65.72	74.36	100
2021	3.55	7.11	10.66	53.13	71.13	77.99	100

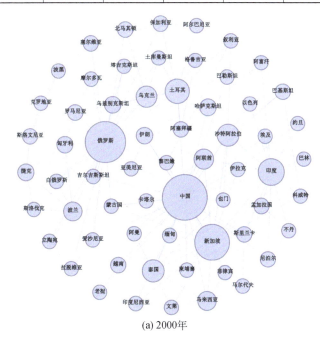

(a) 2000年

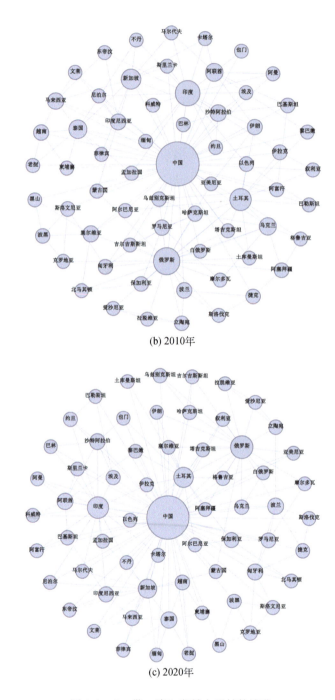

(b) 2010年

(c) 2020年

图4-3 "一带一路"贸易主干结构演化

"一带一路"贸易网络核心节点突出,极化效应明显,核心节点的辐射力和影响力随时间演化呈现出动态调整性,由"相对均衡"向"一极独大"态势演进,基本形成了以中国为绝对核心,以俄罗斯、印度、新加坡、土耳其等国家为重要枢纽的主干结构。在 2000 年主干网络中,只有 7 个国家的对外联系数量达到了 10 以上,这些国家的贸易联系构成了贸易网络的主干结构。其中,中国、俄罗斯和新加坡的对外联系数量分别达到了 31、27 和 22,位列前三位,成为贸易主干网络的核心。随后,新加坡在主干网络中的地位逐渐降低,2010 年和 2021 年其对外联系数量分别为 12 和 13,排名降至第五位。俄罗斯在主干网络中的地位较为稳定,虽然对外联系数量稍有降低,但始终位居第二位。而中国对外联系数量由 2010 年的 49 个上升为 2021 年的 60 个,日益成为越来越多沿线国家的前三位贸易伙伴,是主干网络的绝对核心。此外,印度和土耳其的贸易地位较为稳定,对外联系数目长期保持在 10 个左右,是网络中的重要节点。从空间联系上看,受到贸易政策、经济互补性、地理邻近性和地缘关系等因素综合作用,"一带一路"贸易主干网络处于动态变化当中,其演进态势必将对贸易网络整体连通性产生重要影响。

4.5 "一带一路"贸易组团结构演化

基于 Top3 网络,本章进一步利用 Leiden 算法对"一带一路"贸易网络进行组团识别,划分出不同节点年份的贸易组团结构并展现其演化关系,具体结果如图 4-4 和图 4-5 所示。从计算结果来看,在全球化和区域化进程不断加深、相互作用的背景下,"一带一路"沿线贸易网络形成了 4~5 个贸易组团,各组团内部成员正在经历不同程度的空间重组,贸易组团结构呈现出显著的地理邻近性,地理距离在国际贸易体系中依然发挥重要作用。

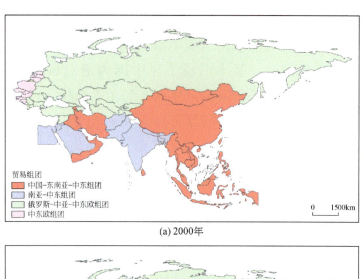

(a) 2000年

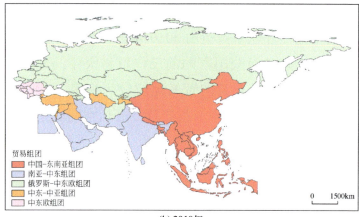

(b) 2010年

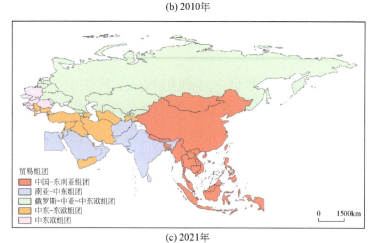

(c) 2021年

图 4-4　贸易组团结构演化

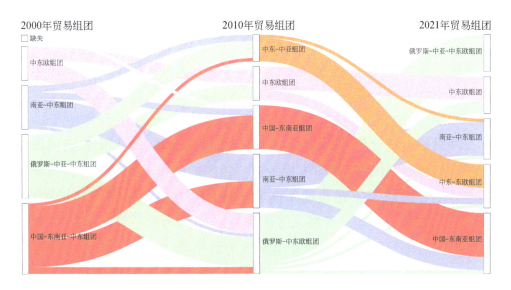

图 4-5 "一带一路"贸易组团关系演进

图中"缺失"项指的是 2000 年空间范围中缺少的黑山和东帝汶两国

　　具体而言，2000 年"一带一路"贸易网络被划分为四个贸易组团，分别是中国-东南亚-中东组团、南亚-中东组团、俄罗斯-中亚-中东欧组团和中东欧组团。中国-东南亚-中东组团由 21 个国家组成，是网络中最大的组团，形成了以中国、新加坡和马来西亚为核心节点，泰国、印度尼西亚、阿联酋和菲律宾等国家为重要节点的网络结构。其中，中国和东南亚各国地域相连、历史文化相通、资源禀赋各具优势，对于经济发展具有共同的目标和愿望，具有良好的合作基础。而这一时期，中国正处于工业化和基础设施建设的关键期，对于石油等化工原料具有较高的进口需求，因此，中国、东南亚各国和部分中东产油国共同构成了中国-东南亚-中东组团。俄罗斯-中亚-中东欧组团是该年份的第二大贸易组团，由 9 个中东欧国家、5 个西亚国家、5 个中亚国家共同组成。南亚-中东组团以印度和沙特阿拉伯为核心，由 8 个西北亚国家和 5 个南亚国家组成。中东欧组团共有 10 个成员国，以苏联各加盟共和国为主，各国地缘相近、历史相通，组团内部没有明确的核心。

相较于 2000 年，2010 年"一带一路"贸易组团数量由 4 个增加至 5 个，各组团内部均有部分成员国发生了变动，地理距离的作用凸显。以中国为核心的组团成员国数量大幅减少，由 21 个减少至 13 个。自 2005 年新加坡和印度签署《印度-新加坡全面经济合作协定》以来，两国的经贸合作日益密切，因此，新加坡从中国-东南亚组团转入了南亚-中东组团，并和印度成为这一组团的两大核心。同时，西亚各国与印度等南亚国家在空间距离和文化习俗等方面更为相近，因此，阿联酋、伊朗、阿曼、卡塔尔等国家从以中国为核心的组团转入了南亚-中东组团。俄罗斯-中东欧组团成为该年份"一带一路"沿线地区成员数量最多的贸易组团，拥有 18 个成员国。该组团与中东欧组团发生了规模较大的成员国交换，并吸收了亚美尼亚、蒙古国、阿富汗等原先属于其他组团的国家，而黎巴嫩、叙利亚、塔吉克斯坦、土库曼斯坦和土耳其则脱离俄罗斯-中东欧组团构成了新的中东-中亚组团。新组团以土耳其为绝对核心，纳入了原先属于其他组团的相邻地域国家。

近年来，国际政治经济形势变化以及新冠疫情全球大流行影响着"一带一路"沿线地区贸易合作，2021 年沿线地区形成了新的贸易组团结构。随着新加坡、蒙古国等国家重新转入，中国-东南亚组团不断壮大，成员数量增长至 18 个，成为沿线地区贸易规模最大、成员国数量最多的组团。其中，由于相邻的地域、相通的文化，以及贸易协定的影响，中国和大部分东南亚国家长期保持着紧密且稳定的贸易关系。中东-东欧组团以土耳其为核心，成员国数量由 8 个增长至 13 个，凸显出土耳其位于亚、非、欧三大洲交汇处的地缘优势及其对周边国家强烈的贸易吸引力。中东欧组团规模较为稳定，但成员构成发生了明显的变动。中东欧组团和俄罗斯主导组团之间的成员国频繁转换，说明这一区域国家间的贸易伙伴关系并不稳定，贸易竞合关系复杂多变。南亚-中东组团和俄罗斯-中亚-中东欧组团稍有缩小，成员国数量分别降至 12 和 11。

冲积图（或桑基图）可视化技术常被用来刻画多维度分类数据的流动关系。为剖析"一带一路"贸易组团间关系演化，本章采用冲积图来反映不同年份各组团间的成员构成关系变迁。由图 4-5 可知，"一带一路"沿线地区贸易组团格局发生重构，组团数量、内部构成和组团关系均经历了不同程度的动态变化。2000 年，中国-东南亚-中东组团是成员国数量最多、贸易额最大的组团，俄罗斯-中亚-中东组团紧随其后，南亚-中东组团和中东欧组团的贸易额和成员数量分别位列第三位和第四位。2000 ~ 2010 年，随着新加坡和中东各国的转移，中国-东南亚-中东组团发生了分裂，近半数成员国被南亚-中东组团所吸纳，使后者的贸易规模大幅提升，而中国-东南亚组团有所收缩。俄罗斯-中亚-中东组团和中东欧组团也发生了分化，这两个组团彼此交换成员国，使得各自的成员国数量和贸易规模并没有发生显著变化。2010 年，中东-中亚组团吸收了俄罗斯-中亚-中东组团约五分之一的贸易额，并吸引了来自南亚-中东组团和中国-东南亚-中东组团的部分国家，成为"一带一路"贸易网络中的新组团。2010 ~ 2021 年，"一带一路"贸易组团格局再次发生重构。南亚-中东组团出现分裂，部分成员国被中国-东南亚组团和中东-东欧组团所吸收。近年来随着中国经济影响力的快速提升，中国对"一带一路"沿线国家的吸引力大幅增加，中国-东南亚组团重新成为沿线地区规模最大的组团。而俄罗斯-中东欧组团贸易规模缩小，脱离该组团的国家大部分被中东欧组团所吸纳。以土耳其为核心的中东-中亚组团吸引了来自中东欧组团、南亚-中东组团和俄罗斯-中东欧组团的部分国家，贸易规模呈现不断扩大的趋势。

值得关注的是，2000 年以来，中国所在贸易组团无论是在贸易规模还是成员国数量方面始终位居前列，体现了中国作为世界第二大经济体的重要影响力和"一带一路"倡议发起国的强大号召力。受历史、文化、地理距离等因素的影响，中国和东南亚各国始终保持着较为密切的经贸往来，而中国-东盟自贸区的建成和新一轮产业转移的发生使得彼此间贸易合作更趋紧密，形成了以中国和东盟国家为主体的贸易组团，该组团主体结构较为稳定，并吸引着周边部分国家不断融入。中国–东南亚组团的稳定发展，一方面，体现了东南亚各国作为中国产业转移目的国和贸易伙伴国的重要性，反映出贸易协定对于促进经贸合作的重要作用；另一方面，也表明除东南亚以外的广大沿线地区仍是未来开展"一带一路"建设的潜在关注方向，需要加强中国与中国–东南亚组团以外重点国家和地区的贸易联系，进一步向西扩大"一带一路"倡议的影响力和凝聚力。

总体上，2000年以来"一带一路"贸易组团经历了结构性变迁，各贸易组团势力此消彼长，以俄罗斯为核心的贸易组团呈现缩小态势，以土耳其为核心的贸易组团从无到有不断壮大，东南亚国家和中国之间的贸易合作日趋稳定和紧密。受地理距离、地缘政治、历史文化等因素叠加影响，各组团的贸易规模和成员构成随着国际形势、贸易政策和外交关系等处于动态演变中。

4.6 "一带一路"贸易门户国家演化

基于"一带一路"贸易组团关系，进一步运用门户系数算法测度2000年以来"一带一路"沿线各国在贸易网络中的参与程度和角色地位，提取每个组团中门户系数排行前三位的国家，将其识别为"一带一路"沿线地区的贸易门户国家，具体结果如表4-2所示。作为向上对接"一带一路"整体贸易网络，向下连通区域贸易组团的枢纽节点，门户国家在维持贸易网络连通性、促进贸易联系高效运转方面发挥着至关重要的作用。

研究表明，伴随贸易组团结构性演化，"一带一路"贸易门户国家处在动态演化中，中国、俄罗斯、印度、土耳其、新加坡、马来西亚、波兰、匈牙利、罗马尼亚、埃及、以色列和黎巴嫩等国家长期具有较高的门户系数，被认为是"一带一路"沿线地区的贸易门户国家。综合而言，"一带一路"沿线地区贸易门户国家大致可以划分为两种类型:一类是具有较高贸易规模的核心国家,如中国、俄罗斯、印度和马来西亚等;另一类是占据特殊地理区位的枢纽国家,这类国家或是位于大区域间的交会处,或是区域性交通枢纽,如埃及和黎巴嫩等。在上述类型中,也有些国家兼具较高贸易额和特殊地理区位,如土耳其和匈牙利。正是上述贸易门户国家起到"桥梁"或"黏合剂"作用,才能有效维系不同区域和不同贸易集团之间的互联互通和贸易流动,最终构成了当前"一带一路"整体贸易网络格局。

表4-2 "一带一路"沿线地区贸易门户国家识别结果

2000 年			2010 年			2021 年		
国家或地区	贸易组团	门户系数	国家或地区	贸易组团	门户系数	国家或地区	贸易组团	门户系数
印度	1	0.75	土耳其	5	0.91	俄罗斯	1	0.90
匈牙利	4	0.73	中国	4	0.89	中国	4	0.85
沙特阿拉伯	1	0.73	俄罗斯	1	0.82	土耳其	5	0.85
俄罗斯	2	0.73	以色列	5	0.80	印度	3	0.82
中国	3	0.73	匈牙利	2	0.79	波兰	1	0.82
埃及	1	0.72	印度	3	0.79	乌克兰	1	0.80
波兰	4	0.71	罗马尼亚	2	0.77	以色列	5	0.75
新加坡	3	0.70	黎巴嫩	5	0.77	黎巴嫩	5	0.75
土耳其	2	0.70	阿尔巴尼亚	2	0.76	埃及	3	0.74
黎巴嫩	2	0.69	新加坡	3	0.75	罗马尼亚	2	0.73
捷克	4	0.63	埃及	3	0.74	阿尔巴尼亚	2	0.72
马来西亚	3	0.61	马来西亚	4	0.73	阿联酋	3	0.70
			泰国	4	0.73	匈牙利	2	0.65
			格鲁吉亚	1	0.71	孟加拉国	4	0.59
			波兰	1	0.71	马来西亚	4	0.55

为了深入解析贸易门户国家在"一带一路"贸易网络中的地位和作用,本章进一步采用弧形连接图对不同年份各组团内外贸易网络的拓扑结构进行细致刻画(图4-6)。在弧形连接图中,以沿线国家为节点、双边贸易联系为连边,以每个国家贸易总量为节点权重、国家间的双边贸易额为连边权重,构建无向加权拓扑网络。

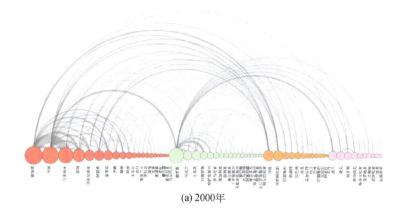

(a) 2000年

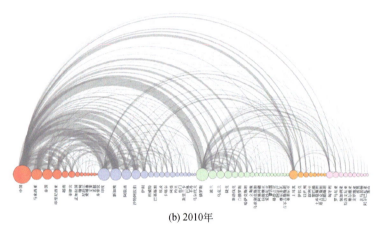

(b) 2010年

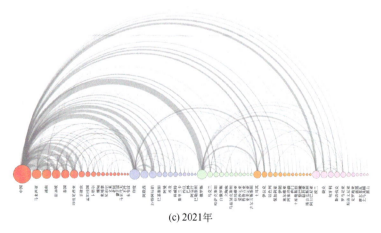

(c) 2021年

图 4-6 "一带一路" 贸易网络拓扑结构演化

　　具体地，2000 年"一带一路"沿线地区贸易门户国家大多是贸易额位居前列的核心国家或是具有特殊地理位置的国家。在南亚-中东组团中，印度、沙特阿拉伯和埃及的门户系数位居前三。其中，作为该年份门户系数最高的国家和南亚-中东组团的两大核心之一，印度不仅是组团内部各成员国的重要贸易伙伴，也与其他组团的门户国家之间存在紧密的贸易联系，其与中国-东南亚-中东组团和俄罗斯-中亚-中东欧组团的门户国家之间的贸易总额分别占其与沿线国家贸易总额的 27.64% 和 6.21%。埃及与沿线国家的贸易规模在南亚-中东贸易组团中仅位列第六，但其地处欧亚非三大洲交会处，控制着连接地中海和大西洋的苏伊士运河这一交通要塞，地理位置特殊。俄罗斯、土耳其和黎巴嫩是俄罗斯-中亚-中东欧组团中的三个门户国家。其中，俄罗斯是该组团的主导国家，土耳其与沿线国家的贸易额在组团内排名第三位，拥有连接欧亚两洲的特殊地理位置。黎巴嫩的贸易额在俄罗斯-中亚-中东组团中仅位列第 11 位，在人口和经济体量等方面均不占优势，但其位于地中海东岸，是由地中海进入亚洲的通道和枢纽，且拥有较为开放和自由的贸易投资环境，因此成为该组团的贸易门户国家。中国、新加坡和马来西亚是中国-东南亚-中东组团的贸易门户国家。马来西亚的贸易联系相对单一，其最大的贸易伙伴国是新加坡，两者的双边贸易额占马来西亚在沿线地区贸易总额的 52.03%。作为组团内的核心国家和第二大贸易国，中国除了与新加坡、马来西亚、泰国、印度尼西亚等国家贸易往来密切外，还与俄罗斯、印度等其他组团的门户国家具有较高的双边贸易额。而新加坡作为全球重要的中转枢纽港，在组团内外的转口贸易中发挥着重要作用。中东欧组团的贸易门户国家为匈牙利、波兰和捷克，这三国均为欧盟成员国。其中，匈牙利凭借着多元均衡的贸易关系、开放的贸易政策以及发达的物流体系成为中东欧组团中门户系数最高的国家。捷克的前两大贸易伙伴国为斯洛伐克和波兰，而波兰除了与组团内节点联系密切之外，还与俄罗斯拥有紧密的经贸合作。

2010 年"一带一路"沿线地区出现 5 个贸易组团，相应的贸易门户国家也发生了一定变动。在南亚-中东贸易组团中，印度和埃及依旧是贸易门户国家。作为东南亚重要的国际贸易中转枢纽和全球开放程度最高的国家之一，新加坡由中国-东南亚组团转入南亚-中东组团，取代沙特阿拉伯成为该组团新的贸易门户国家。在中国-东南亚贸易组团中，中国、马来西亚和泰国的门户系数位居前三位。相较于 2000 年，2010 年中国和马来西亚的门户系数大幅上升，分别由 0.73 和 0.61 上升至 0.89 和 0.73。中国在"一带一路"贸易网络中的贸易额和门户系数分别位列第一和第二，是组团内马来西亚、泰国、印度尼西亚等 8 个成员国以及俄罗斯、印度、新加坡等其他组团门户国家在沿线地区的最大贸易伙伴国。马来西亚与新加坡之间频繁的贸易往来成为中国-东南亚组团与南亚-中东组团之间的一条贸易纽带。泰国在该年份的门户系数得到了较大提升，与中国、马来西亚和新加坡等周边国家之间拥有较高的双边贸易额，成为新的门户国家。在俄罗斯-中东欧组团中，由于组团间成员国的转移，贸易门户国家转变为俄罗斯、格鲁吉亚和波兰。其中，波兰除了与组团内的俄罗斯、捷克等国家联系紧密外，还与中国、匈牙利、土耳其等其他组团的门户国家往来密切。虽然格鲁吉亚与沿线国家的贸易额在俄罗斯-中东欧组团中仅位列第十四位，但物流集疏的枢纽地位、自由开放的贸易政策以及低税率使其成为该组团的三大门户国家之一。随着成员结构剧烈变动，中东欧组团的门户国家变更为匈牙利、罗马尼亚和阿尔巴尼亚。罗马尼亚的对外贸易关系较为多元，与匈牙利、保加利亚等组团内国家以及中国、俄罗斯、土耳其等其他组团的国家均有较强的贸易联系。而 2010 年以俄罗斯为中心的贸易组团出现了分化，土耳其、黎巴嫩等中亚国家联合形成了新的中东-中亚组团，该组团以土耳其、黎巴嫩和以色列为门户国家。

到了 2021 年，"一带一路"贸易门户国家同样经历了一些微调。在中国-东南亚贸易组团中，孟加拉国取代泰国成为新的门户国家。在贸易联系上，中国与印度是孟加拉国最重要的两个贸易伙伴，孟加拉国与这两国的贸易额分别占据与沿线地区贸易总额的 38.70% 和 24.42%。中国依然是该组团门户系数最高的国家，已成为马来西亚、越南、新加坡、泰国、印度、俄罗斯等邻近贸易大国的最主要贸易伙伴国之一，并与波兰、土耳其等中东欧、西亚贸易门户国家具有较为紧密的贸易联系。随着新加坡在贸易组团间的转移，阿联酋取代其成为南亚-中东组团新的贸易门户国家，印度、中国、沙特阿拉伯、俄罗斯、土耳其等国家是阿联酋的重要贸易伙伴。在俄罗斯-中亚-中东欧组团中，乌克兰的门户系数大幅提升，替代格鲁吉亚成为该组团的门户国家。乌克兰与沿线国家的贸易额始终在组团内位列前三位，但其 2000 年和 2010 年的对外贸易联系过于单一，与俄罗斯的双边贸易占其与沿线国家贸易总额的 48.93% 和 42.75%，这导致其在 2000 年和 2010 年未能进入门户国家的行列。2014 年，乌克兰和俄罗斯关系恶化；同年，乌克兰和欧盟签署联合协定，促进了乌克兰与欧盟国家的经贸合作，减少了对俄罗斯的贸易依赖。随着俄乌关系持续紧张，到 2021 年时，俄罗斯在乌克兰对外贸易中的地位已大幅下降，乌克兰的对外贸易联系变得多元化，与中国、波兰、土耳其等国家发展了良好的贸易合作关系，成为连通组团内外的门户枢纽。2021 年中东-东欧组团和中东欧组团的门户国家均未发生变化，与 2010 年保持一致。

4.7 结论与讨论

贸易畅通是"一带一路"倡议的核心目标和重点内容。科学识别贸易门户国家对于高效推进"一带一路"建设、深入融入世界贸易体系具有重要意义。基于联合国商品贸易统计数据库，本章提出了"贸易门户国家"概念及其分析框架，综合集成 Top 网络、组团识别和门户系数等网络科学领域前沿分析算法，结合地理网络和拓扑网络可视化分析技术，深入剖析"一带一路"沿线国家间贸易网络结构及其演化特征，科学识别贸易门户国家及其作用，揭示贸易门户国家在凝聚和支撑"一带一路"贸易网络体系中的战略地位。相较于以往研究，本章考虑到贸易网络本身具有的复杂性和交互性，侧重于从连通性视角揭示"一带一路"贸易网络中的关键性节点及其功能作用，识别出"一带一路"贸易门户国家及其演化，以期能为全面理解贸易门户国家在世界贸易体系中的战略地位和作用、高质量推进"一带一路"经贸合作提供科学参考。

研究发现：①"一带一路"沿线各国贸易规模不断壮大，逐步形成了联系日益紧密、结构日趋复杂、层级特征明显的贸易网络结构。沿线国家间贸易来往总体呈现出先快速增长、后增速放缓的态势，贸易规模分布显示出空间不均衡分布态势，极化效应和等级特征明显。②"一带一路"贸易网络形成了以中国为核心，以俄罗斯、印度、土耳其、新加坡为重要枢纽的主干结构。随时间演化，核心节点的辐射力和影响力呈现出动态调整性，由"相对均衡"向"一极独大"的态势演进，中国已成为贸易网络中的主导性力量。③在全球化和区域化进程深度融合的背景下，"一带一路"贸易网络形成了4~5个贸易组团，各组团呈现出显著的地理邻近性，地理距离在国际贸易体系中依然发挥重要作用。贸易组团经历了结构性变迁，各贸易组团势力此消彼长，不同年份的组团数量、组团规模和成员构成具有不稳定性。④受地理位置、市场经济、国际关系、营商环境和贸易政策等多因素的叠加影响，"一带一路"贸易门户国家处在动态演变中。中国、俄罗斯、印度、土耳其、新加坡、马来西亚、波兰、匈牙利、罗马尼亚、埃及、以色列和黎巴嫩等贸易大国或占据特殊地理位置的枢纽国家始终具有较高的门户系数，成为"一带一路"沿线地区的门户国家。

在全球化背景下，"一带一路"贸易网络并非独立存在的贸易体系，而是嵌套在全球贸易网络中的重要组成部分。当前，"一带一路"沿线地区已经形成了多维复杂、动态演化的贸易网络格局。门户国家在向上对接"一带一路"整体贸易网络、向下连通区域贸易组团方面发挥着至关重要的作用,是中国推动"一带一路"建设、开展经贸合作的战略支点和优先选择。当前全球政治经济不确定性明显增加,国际形势复杂多变,本章识别出的部分门户国家可能也处于非稳定状态,面临政治动荡、经济停滞甚至局部爆发战争等突发情况,需要密切关注国际形势的变化。因此,未来"一带一路"经贸合作需要特别考虑非传统安全问题,建立和完善风险预测与预警机制,动态监测沿线国家政治经济形势对经贸合作产生的潜在影响,避免因重大危机事件和突发情况造成损失,提高中国与"一带一路"沿线地区的贸易网络韧性。在下一步研究中,可考虑加入营商环境、经济发展水平、地缘政治风险等指标,从多维度综合测度"一带一路"沿线地区的贸易门户国家;同时,可考虑聚焦到更细尺度的产品类别,识别某一产品门类的门户枢纽国家,为中国的对外贸易以及中资企业"走出去"提供科学指引。

参 考 文 献

陈伟, 刘卫东, 柯文前, 等. 2017. 基于公路客流的中国城市网络结构与空间组织模式. 地理学报, 72 (2): 224-241.

种照辉, 覃成林. 2017. "一带一路"贸易网络结构及其影响因素——基于网络分析方法的研究. 国际经贸探索, 33 (5): 16-28.

段德忠, 杜德斌. 2020. 全球高科技产品贸易结构演化及影响因素. 地理学报, 75 (12): 2759-2776.

公丕萍, 宋周莺, 刘卫东. 2015. 中国与"一带一路"沿线国家贸易的商品格局. 地理科学进展, 34 (5): 571-580.

计启迪, 刘卫东, 陈伟, 等. 2021. 基于产业链的全球铜贸易网络结构研究. 地理科学, 41 (1): 44-54.

蒋小荣, 杨永春, 汪胜兰. 2018. 1985-2015年全球贸易网络格局的时空演化及对中国地缘战略的启示. 地理研究, 37 (3): 495-511.

刘卫东, 等. 2019. 共建绿色丝绸之路——资源环境基础与社会经济背景. 北京: 商务印书馆.

刘卫东, 宋周莺, 刘志高, 等. 2018. "一带一路"建设研究进展. 地理学报, 73 (4):

620-636.

刘卫东，田锦尘，欧晓理，等 . 2017. "一带一路" 战略研究 . 北京：商务印书馆 .

刘卫东 . 2015. "一带一路" 战略的科学内涵与科学问题 . 地理科学进展，34（5）：538-544.

刘志高，王涛，陈伟 . 2019. 中国崛起与世界贸易网络演化：1980—2018 年 . 地理科学进展，
　　38（10）：1596-1606.

王文宇，贺灿飞 . 2022. 关系经济地理学与贸易网络研究进展 . 地理科学进展，41（3）：
　　461-476.

许阳贵，刘云刚 . 2019. 中国与 "一带一路" 沿线国家贸易及其影响因素 . 热带地理，39
　　（6）：855-868.

杨文龙，杜德斌，盛垒 . 2022. 全球商品贸易网络生长特征及动力机制 . 资源科学，44（3）：
　　508-522.

朱晟君，杨博飞，刘逸 . 2022. 经济全球化变革下的世界经济地理与中国角色 . 地理学报，77
　　（2）：315-330.

邹嘉龄，刘卫东 . 2016. 2001-2013 年中国与 "一带一路" 沿线国家贸易网络分析 . 地理科学，
　　36（11）：1629-1636.

Baniya S，Rocha N，Ruta M. 2020. Trade effects of the New Silk Road：A gravity analysis. Journal of
　　Development Economics，146：102467.

Blondel V D，Guillaume J L，Lambiotte R，et al. 2008. Fast unfolding of communities in large net-
　　works. Journal of Statistical Mechanics：Theory and Experiment，（10）：P10008.

Chen W，Wang N. 2022. Visualizing the changing geographies of international trade，2000- 19.
　　Regional Studies，Regional Science，9（1）：132-134.

Chen W，Zhang H. 2022. Characterizing the structural evolution of cereal trade networks in the Belt
　　and Road regions：A network analysis approach. Foods，11（10）：1468.

Chen W. 2021. Delineating the spatial boundaries of megaregions in China：A city network perspective.
　　Complexity，2574025.

Chong Z，Qin C，Pan S. 2019. The evolution of the Belt and Road trade network and its determinant
　　factors. Emerging Markets Finance and Trade，55（14）：3166-3177.

Guimera R，Amaral L A N. 2005. Functional cartography of complex metabolic networks. Nature，433
　　（7028）：895-900.

Liu A，Lu C，Wang Z. 2020. The role of cultural and institutional distance in international trade：
　　Evidence from China's trade with the Belt and Road countries. China Economic Review，
　　61：101234.

Liu Z，Wang T，Sonn J W，et al. 2018. The structure and evolution of trade relations between countries along the Belt and Road. Journal of Geographical Sciences, 28 (9): 1233-1248.

Salam M, Xu Y. 2022. Trade openness and environment: A panel analysis for 88 selected BRI countries. Environmental Science and Pollution Research, 29 (16): 23249-23263.

Sporns O, Honey C J, Kötter R. 2007. Identification and classification of hubs in brain networks. PLoS ONE, 2 (10): e1049.

Tian X, Hu Y, Yin H, et al. 2019. Trade impacts of China's Belt and Road Initiative: From resource and environment perspectives. Resources, Conservation and Recycling, 150: 104430.

Traag V A, Waltman L, van Eck N J. 2019. From Louvain to Leiden: Guaranteeing well-connected communities. Scientific Reports, 9 (1): 5233.

Vargas E R, Wahl L M. 2014. The gateway coefficient: A novel metric for identifying critical connections in modular networks. The European Physical Journal B, 87 (7): 161.

Wang X, Yang J, Zhou Q, et al. 2022. Mapping the exchange between embodied economic benefits and CO_2 emissions among Belt and Road Initiative countries. Applied Energy, 307: 118206.

Xu J, Yang X, Razzaq A. 2021. Understanding the role of humanistic factors in trade network evolution across the Belt and Road Initiative countries using the exponential random graph model. Complexity, 2021: 1961061.

Yu C, Zhang R, An L, et al. 2020. Has China's Belt and Road Initiative intensified bilateral trade links between China and involved countries? Sustainability, 12 (17): 6747.

第5章 │ "一带一路"贸易网络韧性评估

开展"一带一路"贸易网络韧性研究，对于明确沿线地区经贸合作方向、优化沿线地区贸易格局、提高沿线地区贸易往来抗风险能力具有重要意义。借鉴复杂网络理论内涵，本章综合运用多种网络分析方法，构建测度贸易网络韧性的分析框架，从节点韧性和结构韧性两个维度对"一带一路"沿线地区贸易网络韧性开展综合测度，并探讨其演变过程和发展趋向，以期能为"一带一路"经贸合作高质量发展提供决策参考。

5.1 研究背景

作为当今世界规模最大的国际合作平台，"一带一路"倡议已成为深受欢迎的国际公共产品，有力重塑了全球经济和贸易合作新格局。截至2023年，中国已与150多个国家和30多个国际组织签署200余份共建"一带一路"合作文件。其中，贸易畅通是共建"一带一路"的重要领域，对于深化沿线地区经贸合作与交流、提升沿线地区凝聚力和影响力具有重要作用，也是推动构建"一带一路"的基本动力（Chen et al.，2023）。近年来，国际形势的复杂多变和新冠疫情的全球流行给世界贸易体系造成了巨大冲击，在持续深化经贸合作的同时，经贸合作的潜在风险也成为"一带一路"沿线各国开展对外贸易和制定政策时不可忽视的内容（吕越等，2023）。在此背景下，从长时序尺度考察"一带一路"贸易网络韧性演化，对于明晰"一带一路"贸易网络格局演变、揭示沿线地区贸易合作的潜在薄弱环节、提高整体贸易网络的抗风险能力具有重要意义。

随着"一带一路"建设逐步深入,"一带一路"沿线地区贸易合作成为学术界的重要议题。同时,伴随网络科学领域迅猛发展,网络分析方法为社会学、经济学、地理学等学科提供了新的研究视角,国际贸易与网络分析不断融合并形成贸易网络研究,贸易网络逐步成为解析"一带一路"贸易合作的重要维度(钮潇雨等,2023)。目前,通过借鉴网络分析方法,"一带一路"贸易网络研究主要集中于贸易格局(宋周莺等,2017a)、拓扑结构(陈伟等,2023;宋周莺等,2017b)、时空演化(Liu et al.,2018;刘志高等,2019)、影响因素(种照辉和覃成林,2017)及特定产品和行业的贸易网络(Chen and Zhang,2022;计启迪等,2021)等方面,相对缺乏对"一带一路"贸易网络韧性和稳健性开展系统性研究,导致"一带一路"贸易网络韧性演化过程尚未能被全面和深入揭示。因此,如何科学测度"一带一路"贸易网络韧性对于保障沿线地区经贸畅通、维护双边贸易稳定发展、促进"一带一路"高质量发展具有重要意义。

韧性概念最早起源于工程领域,用于分析系统受到冲击后恢复到原始状态的能力,即系统维持稳定的能力(魏冶和修春亮,2020)。后来,生态学家 C. S. Holling 将韧性用于分析生态系统抵御冲击、快速恢复以应对外界干扰的能力(Holling,1973)。随后,韧性概念被引入心理学、社会学、经济学和地理学等学科领域,相关研究逐步深入并形成体系,其概念内涵也得到进一步丰富。2000 年以来,随着"场所空间"向"流空间"转变,城市和经济网络化发展趋向明显,网络韧性的测度也开始受到关注。一般而言,网络韧性指的是网络系统中的个体通过彼此在社会、经济、组织等领域的协作互补,形成的能够响应和适应外部急性冲击和慢性压力并从中恢复或转化的能力(魏冶和修春亮,2020)。目前,网络韧性已成为地理学领域新的研究热点之一,尤其集中于交通网络(郭卫东等,2022)、经济网络(李博和曹盖,2022)、信息网络(魏石梅和潘竟虎,2021)、旅游网络(方叶林等，2022）及生态网络（黄梅，2022）等领域。随着网络韧性研究的兴起，关于贸易网络韧性的测度研究也逐步增多（Kharrazi et al.，2017；Sun et al.，2023；Yang and Chen，2023）。总体上，已有研究大多借助静态和动态两类方法从节点和连边两个维度对网络韧性进行测度。其中，静态方法主要通过选取层级性、匹配性、传输性、多样性和集聚性等一个或多个方面的网络指标来反映网络结构韧性（魏石梅和潘竟虎，2021）；而动态方法则是通过构建仿真模型对网络开展模拟攻击，并利用攻击下网络相关特性指标的变化情况反映网络韧性的动态演变特征（Buldyrev et al.，2010）。

从网络韧性测度框架上看，虽然现有研究从不同视角和层面对网络韧性开展了初步探索，但受限于网络本身的复杂性和非均衡性，目前的网络韧性分析多针对无权网络展开，未能顾及节点和连边权重在网络结构和连通性表达上的交互作用。而贸易网络属于典型的有向加权网络，网络节点和连边具有显著的异质性、复杂性和非均衡性，网络权重对于网络韧性综合测度至关重要。因此，如何顾及节点和连边权重的作用、构建适用于贸易网络全连通特性的网络韧性测度框架，成为具有重要价值的方法论探索。

为解决上述难题，基于复杂网络理论内涵，在剖析"一带一路"贸易网络拓扑结构特征基础上，本章探索性地构建了"一带一路"加权贸易网络韧性测度框架，运用节点强度、中介中心性和多样化系数的加权算法解析"一带一路"贸易网络的节点韧性，从连通性、抗毁性、恢复性和稳健性四个维度探究"一带一路"贸易网络的结构韧性，从而全面揭示"一带一路"贸易网络的韧性演化特征及其发展趋向，以期为科学认识"一带一路"贸易畅通、推动"一带一路"高质量建设提供决策参考。

5.2　分析框架、方法与数据

5.2.1　分析框架

根据网络科学理论，节点和连边是网络的基本要素，而节点、连边及其相互关系共同构成了网络拓扑结构。考虑到网络权重信息，网络可划分为非加权网络和加权网络。在加权网络中，节点权重表示节点的强度，连边权重指示两个节点间的强度或距离，节点和连边权重均为真实世界网络的重要属性。由于网络权重在网络特征表达上的难度和复杂性，加权网络的韧性测度从来不是容易的事。参考已有文献（Gao et al.，2016；Kharrazi et al.，2017；Sun et al.，2023；Yang and Chen，2023），从复杂网络和韧性理论出发，在顾及网络权重信息基础上，本章尝试构建"一带一路"贸易网络韧性测度的分析框架，运用节点角色的加权算法解析"一带一路"贸易网络的节点韧性，从连通性、抗毁性、恢复性和稳健性4个维度探析"一带一路"贸易网络的结构韧性，以期能够综合测度"一带一路"贸易网络拓扑结构及其韧性演化态势。

具体而言，本章选择以节点强度、中介中心性、多样性系数三类指标的加权算法分别表征节点在网络中的影响力、中介枢纽性以及贸易多元化程度，以此衡量沿线地区各国在"一带一路"贸易网络中的韧性特征；使用全局效率、基尼系数、同配性系数及模拟攻击分析算法分别表征节点在网络中的连通性、抗毁性、恢复性以及稳健性，从而测度"一带一路"贸易网络在结构维度的韧性特征（图5-1）。基于上述分析框架，本章试图从节点和结构两个维度综合探究"一带一路"贸易网络韧性演化过程，具体算法将在5.2.2节中详细说明。

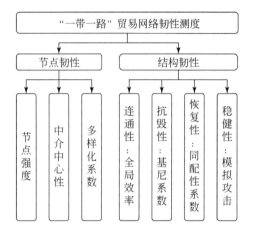

图 5-1 "一带一路" 贸易网络韧性测度框架

5.2.2 研究方法

（1）节点韧性测度方法

1）节点强度。节点强度（node strength）是一种针对加权网络中节点权重的测度方法，用来衡量某一节点在加权网络中的重要性，也称为加权节点度。一般而言，节点强度指的是某一节点所有相邻连接的权重之和。在有向网络中，内向节点强度是流入节点的连接权重总和，对外节点强度是节点对外连接的权重总和。因此，节点强度被定义为（Barrat et al.，2004）

$$S_i = \sum_{j \in N} w_{ij} \tag{5-1}$$

式中，S_i 为节点 i 的节点强度；w_{ij} 为节点 i 和节点 j 之间的连接权重。

2）中介中心性。中介中心性（betweenness centrality）是衡量节点在网络中的中介重要性。中介中心性越高，说明该节点在网络中的桥梁作用越强，控制其他节点的潜在能力越强。在一个具有 N 个节点的网络中，节点 h 和 j 之间的最短路径会途经某些节点，如果节点 i 被许多最短路径经过，则表示该节点在网络中很重要。其重要性可以用中介中心性 BC_i 来表示，计算公式（Freeman et al., 1979）为

$$\text{BC}_i = \frac{1}{(n-1)(n-2)} \sum_{\substack{h,j \in N \\ h \neq j, h \neq i, j \neq i}} \frac{\sigma_{hj}(i)}{\sigma_{hj}} \tag{5-2}$$

式中，n 为节点数；σ_{hj} 为节点 h 和 j 之间最短路径的条数；$\sigma_{hj}(i)$ 为节点 h 和 j 之间的最短路径经过的节点 i 的条数。在加权有向网络中，通过将加权、有向路径转换为对应的路径长度，从而等效地计算出加权有向网络中的中介中心性。

3）多样性系数。在真实网络中，节点对间通常具有多种联系路径，而不只是与少数节点相联系，形成了网络的多样性。当网络受到外部攻击时，如在某个节点失效或连边移除的情况下，多样性丰富意味着节点间仍具有多条能够连接的路径，其他联系路径依然能够保证整个网络的正常运行。因此，多样性代表了网络整体的容错能力，能有效衡量外部攻击后网络的恢复能力。

为测度网络联系的异质性，Eagle 等（2010）将拓扑多样性测度转换为香农熵函数进行刻画，计算多样性系数（diversity coefficient）。因此，节点的多样性系数被定义为节点相邻连边权重的香农熵，计算公式为

$$D(i) = \frac{H(i)}{\log k_i} \tag{5-3}$$

$$H(i) = -\sum_{j=1}^{k} p_{ij} \log p_{ij} \tag{5-4}$$

$$p_{ij} = \frac{V_{ij}}{\sum_{j=1}^{n} V_{ij}} \tag{5-5}$$

其中，$D(i)$ 为节点 i 的多样化系数；$H(i)$ 为 p_{ij} 的函数；p_{ij} 为节点 i 连接总量中与 j 相连的占比；k_i 为 i 的连接数量；p_{ij} 为 i 连接总量中与 j 相连的占比；V_{ij} 为节点 i 和节点 j 之间联系的总量。基于上述步骤，计算出所有顶点的多样性系数。

（2）结构韧性测度方法

1）全局效率。全局效率（global efficiency）是所有节点对的逆最短路径长度的平均值，被看作是衡量信息在网络中交换效率的指标（Latora and Marchiori，2001）。当一个图是完全连通时，传输效率最大；当一个图是完全不连通时，传输效率是最小的。在直观上，全局效率度量了网络的全局传输能力，平均最短路径长度越短，网络全局效率越高，则网络节点间传递信息的速率就越快，网络连通性就越高。具体地，全局效率计算公式为（Chen et al.，2023）

$$E_i = \frac{1}{N(N-1)} \sum_{i \neq j} \frac{1}{d_{ij}} \tag{5-6}$$

式中，E_i 为节点 i 的效率值；N 为节点数量；d_{ij} 为节点 i 和节点 j 之间的最短路径长度。在加权网络，需要将连边权重映射为路径长度，即联系越强、路径长度越短，从而计算出加权全局效率。

2）基尼系数。抗毁性是网络自身抵御攻击或自然灾害的一种能力。根据已有研究，网络的抗毁性与同质性高度相关（Gao et al.，2016），同质性网络对随机攻击具有鲁棒性，对故意攻击具有脆弱性。而网络的加权节点度能够反映出节点在网络中的同质性水平。因此，基于加权节点度分布，采用基尼系数（Gini coefficient）测度网络的同质性水平。其计算公式（Dagum，1997）为

$$G = \frac{1}{2n^2 u} \sum_{j=1}^{n} \sum_{i=1}^{n} |Y_j - Y_i| \tag{5-7}$$

式中，$|Y_j - Y_i|$ 为任何一对节点强度差的绝对值；n 为节点数量；u 为节点强度的均值。

3）同配性系数。同配性系数（assortativity coefficient）指的是连边两端所有节点度之间的相关系数，是对网络恢复能力的一种有效度量（Newman，2002；Pigorsch and Sabek，2022）。在网络中，若具有高中心性的枢纽节点之间彼此相互联系，则同配性系数为正值，称为

同配性网络；若具有高中心性的枢纽节点倾向于连接低中心性的节点，则同配性系数为负值，称为异配性网络。在同配性网络结构中，网络联系分布紧凑、相对集中，节点损失对网络结构影响程度降低，具有相对的韧性；而在异配性网络结构中，网络联系相对分散分布，存在易受攻击的高节点度枢纽，个别节点失效可能会危及整个网络的功能和运行，网络韧性程度降低。

在同配性系数计算方法基础上，Leung 和 Chau（2007）进一步提出了加权同配性系数测度方法，其计算公式为

$$r^w = \frac{l^{-1} \sum_{(i,j) \in L} k_i^{\text{out}} k_j^{\text{in}} - \left[l^{-1} \sum_{(i,j) \in L} \frac{1}{2} w_{ij} (k_i^w + k_j^w) \right]^2}{l^{-1} \sum_{(i,j) \in L} \frac{1}{2} w_{ij} \left[(k_i^w)^2 + (k_j^w)^2 \right] - \left[l^{-1} \sum_{(i,j) \in L} \frac{1}{2} w_{ij} (k_i^w + k_j^w) \right]^2}$$

$$(5\text{-}8)$$

式中，r^w 为加权网络中连边两端的加权度的皮尔逊相关系数，其范围在 $-1 \sim 1$；l 为网络所有连边的权重之和；L 为网络中节点的集合；k_i^{out} 为连边 i 两端节点的出度；k_j^{in} 为连边 j 两端节点的入度；k_i^w 为连边 i 两端节点的加权度；k_j^w 为连边 j 两端节点的加权度。

4）模拟攻击。网络结构的稳健性也是复杂网络的基本特征之一。根据渗透理论（percolation theory），当被移除的节点数量达到一个临界值，网络就会被分割成许多独立的子图（Barabási，2016）。然而，究竟在何种程度网络会由于随机和固定节点的故障或失效而面临解体是网络的稳健性问题，也称为鲁棒性（Wei et al.，2022）。因此，结合网络结构特征，本章首先对加权节点度和连边权重进行排序，在此基础上通过模拟攻击移除特定节点和连边，测度网络连通规模指标的变化，考察节点或连边失效对网络结构的整体影响，从而判别网络的稳健性程度。

5.2.3 数据处理

国家间贸易流量矩阵的构建是综合测度"一带一路"贸易网络韧性演化的首要前提。考虑到与现有研究的可比性和延续性，本章同样选取了"一带一路"沿线65个国家和地区作为研究对象，并基于联合国商品贸易统计数据库（UN Comtrade Database）中的贸易数据，构建了长时序"一带一路"沿线国家间贸易网络联系，矩阵形式为有向加权网络。在研究期限上，中国于2001年正式加入WTO，自此显著改变了世界经贸格局，因此本章将其作为研究的起始年份，并选择2010年和2015年两个整数年份作为研究截面，以2021年作为本研究的截止年份，以此探究"一带一路"贸易网络韧性演化过程。

5.3 "一带一路"贸易网络拓扑特征

为清晰地显示"一带一路"贸易网络结构特征，本章采用弦图对2001年、2010年、2015年和2021年的"一带一路"贸易网络联系特征进行可视化表达，其中，弧长体现为国家的贸易规模，连线代表国家间贸易联系强度，而箭头指明贸易联系方向，具体结果如图5-2所示。由此可知，2001年以来，"一带一路"沿线各国贸易联系日趋紧密，贸易网络密度不断提升，不均衡态势逐渐显现，呈现出以中国为绝对核心，印度、俄罗斯、马来西亚等国为重要节点，其他国家紧密参与的贸易格局。

2001年以来，"一带一路"贸易网络呈现出由松散向紧密发展、由多极向单极演变的整体趋势。2001年，中国、新加坡、俄罗斯和马来西亚共同构成网络中的核心节点，四个国家的进出口贸易额近乎均等。2010年，贸易网络极化现象进一步加强，中国占沿线地区贸易总额的比重逐渐上升，并与俄罗斯、印度、新加坡等国家拉开差距。自

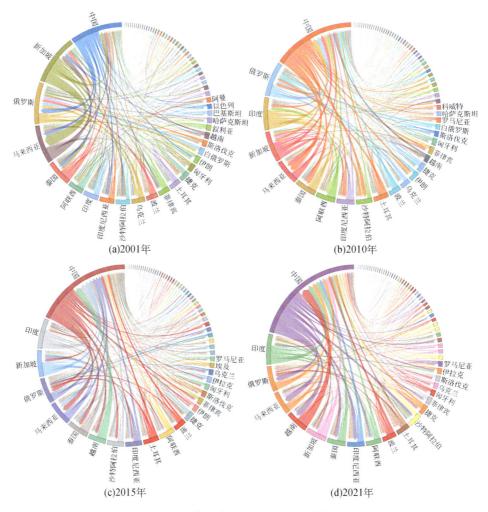

图 5-2 "一带一路"贸易网络拓扑结构演化

2013 年"一带一路"倡议提出后，中国在"一带一路"沿线贸易网络中的地位有了实质性的提升，逐渐成为"一带一路"沿线贸易网络的绝对核心。2015～2021 年，"一带一路"沿线国家贸易网络结构呈现出稳中有变的态势。中国稳居"一带一路"沿线贸易规模首位，并与其他国家的差距逐渐拉大，2021 年，中国的贸易额已是第二名的近4.5 倍。同时，印度的贸易发展也较为迅速，已由 2001 年的第七位上升至 2021 年的第二位。在贸易额排名前五的国家中，俄罗斯和马来西亚均呈现稳中有升的良好态势，而新加坡的贸易总额则出现下降趋势，最终被越南超越，掉出贸易总规模前五的行列。

在进出口结构上，中国的第一大进口来源国由新加坡转变为印度，并在2015年后稳定为越南，而中国的第一大出口目的国则由俄罗斯转变为马来西亚，表明在"一带一路"倡议和中国-东盟自由贸易协定等国际合作平台的作用下，中国与东南亚国家的贸易合作持续深化、贸易联系日益紧密。新加坡在"一带一路"贸易网络中的进出口贸易伙伴国结构也产生了较大变动。2001年，新加坡与马来西亚的双边贸易额居于领先地位，而随着"一带一路"深入发展，中国与新加坡的双边贸易迅速发展，至2015年中国已超越马来西亚成为新加坡最大的进口和出口贸易伙伴国，此后，两国的经贸合作日趋紧密。就中俄贸易而言，中国已连续十多年稳居俄罗斯第一大贸易伙伴国的位置。中俄两国贸易稳步增长，一方面源于两国间全面战略协作伙伴关系，另一方面两国在资源禀赋和产业结构方面较强的互补性，俄罗斯丰富的能矿资源能够弥补中国的油气和矿产资源缺口，而中国则为俄罗斯提供了大量制造业产品。

5.4 "一带一路"贸易网络节点韧性

本章采用加权节点度、中介中心性和多样性系数对2001年以来"一带一路"贸易网络节点韧性进行测度，结果如表5-1所示。从节点韧性角度看，"一带一路"沿线国家在贸易网络中的地位和角色具有明显的异质性，中国、俄罗斯、印度、新加坡、土耳其等国属于韧性较强的国家，而其他国家贸易联系强度则相对较弱，表现为节点韧性较低。

具体而言，2001年以来，沿线国家加权节点度和多样性系数排名位次有所调整，其中，加权节点度普遍提升，而多样性系数则无明显变化。加权节点度的提升和多样性系数的高位稳定说明，网络中的贸易联系从稀疏变得稠密，网络结构逐渐复杂化。国家间的指标差值呈

表 5-1 "一带一路"贸易网络节点韧性测度排名前 10 位国家

年份	国家或地区	加权节点度	国家或地区	中介中心性	国家或地区	多样性系数
2001年	中国	859.35	中国	1167.63	中国	0.7591
	新加坡	802.31	俄罗斯	1098.82	土耳其	0.7477
	俄罗斯	670.33	新加坡	356.80	叙利亚	0.7433
	马来西亚	620.54	印度	218.14	印度	0.7402
	泰国	417.11	阿联酋	216.23	埃及	0.7349
	阿联酋	251.74	土耳其	208.42	俄罗斯	0.7209
	印度	248.86	泰国	193.83	阿联酋	0.7175
	印度尼西亚	242.94	沙特阿拉伯	131.98	罗马尼亚	0.7147
	沙特阿拉伯	237.54	波兰	111.53	匈牙利	0.7117
	乌克兰	223.47	斯洛文尼亚	82.41	黎巴嫩	0.6913
2015年	中国	9577.64	中国	1705.17	中国	0.7793
	印度	2915.58	俄罗斯	697.57	土耳其	0.7592
	新加坡	2575.75	土耳其	244.51	塞尔维亚	0.7111
	俄罗斯	2508.71	沙特阿拉伯	227.01	黎巴嫩	0.7102
	马来西亚	2335.86	印度	201.28	罗马尼亚	0.7037
	泰国	2119.57	伊拉克	165.87	印度	0.6927
	越南	1763.95	泰国	96.32	俄罗斯	0.6925
	沙特阿拉伯	1674.94	塞尔维亚	85.88	斯洛文尼亚	0.6912
	印度尼西亚	1652.14	立陶宛	65.46	乌克兰	0.6860
	土耳其	1555.20	新加坡	63.63	埃及	0.6788
2010年	中国	6951.87	中国	1569.49	中国	0.7672
	俄罗斯	2887.09	俄罗斯	1084.21	土耳其	0.7441
	印度	2738.66	印度	331.97	黎巴嫩	0.7268
	新加坡	2577.59	土耳其	261.17	埃及	0.7078
	马来西亚	2100.83	阿联酋	163.80	斯洛文尼亚	0.7074
	泰国	1793.68	泰国	93.73	俄罗斯	0.6885
	阿联酋	1671.65	沙特阿拉伯	92.24	塞尔维亚	0.6883
	印度尼西亚	1519.95	伊拉克	71.48	叙利亚	0.6841
	沙特阿拉伯	1372.35	塞尔维亚	55.55	罗马尼亚	0.6768
	土耳其	1300.32	斯洛文尼亚	41.57	阿塞拜疆	0.6766
2021年	中国	17386.64	中国	1798.77	中国	0.7673
	印度	4659.53	俄罗斯	563.19	土耳其	0.7650
	俄罗斯	3911.34	印度	322.31	乌克兰	0.7004
	马来西亚	3545.37	土耳其	176.21	北马其顿	0.6879
	越南	3473.30	泰国	124.87	塞尔维亚	0.6853
	新加坡	3248.46	立陶宛	93.58	印度	0.6789
	泰国	2918.67	匈牙利	87.39	埃及	0.6756
	印度尼西亚	2719.47	阿联酋	72.48	斯洛文尼亚	0.6717
	阿联酋	2396.63	伊拉克	65.81	黑山	0.6708
	波兰	2241.47	巴基斯坦	53.16	阿尔巴尼亚	0.6702

现出增大趋势，表明各国在"一带一路"贸易网络中地位和角色的异质性增强，形成了枢纽节点连接普遍节点的网络交织形态，且枢纽节点的地位日趋巩固。在上述排名前10位的国家中，中国、泰国、印度、马来西亚等国具有较大的经济体量和制造业优势，成为"一带一路"沿线重要的商品输出国；而俄罗斯、印度尼西亚、阿联酋、沙特阿拉伯等国家具有丰富的能矿资源，是沿线地区重要的能矿资源供给国；新加坡和土耳其凭借优越的地理区位和转口贸易成为"一带一路"沿线重要的贸易中转枢纽。在资源禀赋、产业结构和地理区位等综合作用下，这些国家拥有较高的对外贸易水平，并与沿线各国不断建立并加强贸易联系，对于巩固其在网络中的优势地位具有重要意义。

在中介中心性方面，2001年以来，除中国有明显上升以外，其他国家普遍存在波动或下降趋势，这说明中国作为中介枢纽节点，在"一带一路"贸易网络扮演的核心角色不断强化。俄罗斯在中介中心性排名中稳居第二，说明在"一带一路"沿线贸易活动中，俄罗斯的协调和控制能力仅次于中国，同样占据着较为重要的枢纽位置。由此可知，中国和俄罗斯在"一带一路"贸易网络中占据核心地位。一方面，两国贸易权重占比遥遥领先，且在整个网络中具有重要的连接与控制功能，承担"桥梁"作用；另一方面，由于中国的对外贸易需求高，既是进口国也是出口国，在整个贸易网络中起到集散和中介的作用，而俄罗斯凭借丰富的能源资源和横跨欧亚的地理区位，在"一带一路"能矿和粮食贸易中具有控制地位。

5.5 "一带一路"贸易网络结构韧性

5.5.1 网络连通性

全局效率是用以衡量"一带一路"贸易网络全局传输能力的指

标,即贸易网络连通性。据图 5-3 可知,2001 年以来,贸易网络连通性总体呈现上升态势,网络全局传输能力有所提升。其中,2009 年之前,贸易网络连通性呈现加速上升趋势;2008 年以后,受金融危机、全球贸易低迷、新冠疫情等叠加影响,贸易网络连通性呈现出波动上升趋势,与全球经济发展趋势一致。

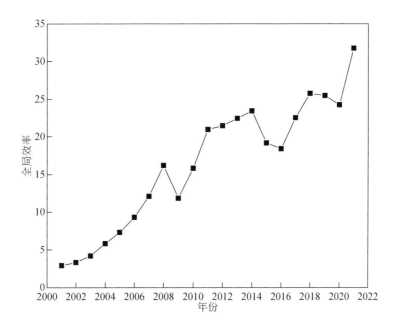

图 5-3 "一带一路"贸易网络连通性测度

2001 ~ 2008 年,随着经济全球化和信息化的发展,沿线国家间贸易途径逐渐拓宽,贸易壁垒减少,商品、资金、信息等流动传输效率显著提升,"一带一路"贸易网络连通性得到快速发展,全局效率值由 2001 年的 2.9 上升至 2008 年的 16.2。2001 年,中国加入世界贸易组织,并逐步成为经济全球化的深度参与者,中国与沿线各国的贸易往来日益频繁,在"一带一路"贸易网络中的核心地位持续加强。中国、俄罗斯及印度等重要节点国家间贸易联系紧密,而原先贸易体量较小的边缘国家也逐渐融入贸易网络中,"一带一路"贸易网络同步实现了规模扩张和连通性提升,全局效率加速增长。

2008 年，美国次贷危机爆发并迅速波及全球，由此引发的各种金融问题对国际金融体系和世界经济体系造成巨大冲击，全球贸易失衡并陷入低迷，在此期间，"一带一路"沿线国家间贸易也受到明显影响。2009 年，全局效率值由 16.2 跌落至 11.8，但此后迅速回升，2011 年恢复至 21.0。此后，随着沿线各国经济复苏以及 2013 年"一带一路"倡议正式提出，沿线地区的全局效率值进入稳步提升阶段。2015 ~ 2016 年，由于全球经济增速放缓、国际市场需求不足以及世界贸易萎缩等因素，"一带一路"全局效率值出现短暂下跌，后又迅速回升并超过原有水平。至 2021 年，"一带一路"全局效率值已发展到 31.8，沿线各国在贸易规模和贸易联系方面均取得突破，沿线地区在全球贸易体系中的地位得到巩固和加强，"一带一路"沿线贸易网络连通效率实现了质的跨越。

5.5.2 网络抗毁性

网络的抗毁性可理解为在受到攻击或出现故障时，在部分节点或连边失效的情况下网络仍能继续运作的能力（Barrat et al., 2004）。参考已有研究，本章采用基尼系数衡量"一带一路"贸易网络抗毁性演化。基尼系数越高，则网络的异质性越强，对随机攻击的抵抗能力越弱，针对特定节点的蓄意攻击具有脆弱性。2001 年以来，"一带一路"贸易网络抗毁性呈现出波动下滑的变化态势（图 5-4）。

2001 ~ 2021 年，"一带一路"沿线贸易基尼系数的波动具有一定规律性。当基尼系数增长一或两年后，往往会面临短时间内的小幅下跌，而后再经历上升，在达到新峰值后再次跌落，如此循环往复。2001 年，"一带一路"沿线贸易总体处于初级发展阶段，沿线各国贸易发展差异相对较小，此时基尼系数处在较低水平。中国、新加坡、俄罗斯、马来西亚等国家的贸易总额相差不大，且国家间贸易联系相对松散，整体贸易网络呈现多中心、分散化发展格局，对于针对核心

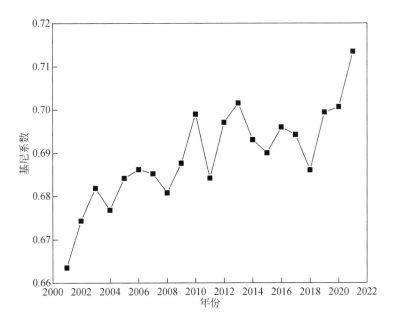

图 5-4 "一带一路" 贸易网络抗毁性测度

节点的攻击具有较强的抵御能力。2021 年,"一带一路" 沿线贸易的基尼系数已上升至 0.71,网络异质性加强,极化效应日益显著。此时,沿线地区贸易网络应对蓄意攻击的能力下降,网络抗毁性减弱,若移除具有大量连接的枢纽节点,则贸易网络可能会面临整体失效的困境。

5.5.3 网络恢复性

同配性系数是衡量网络恢复能力的重要指标。由图 5-5 可知,2001 ~ 2021 年 "一带一路" 贸易网络的同配性系数均为负值,说明网络中的联系相对分散,整体网络结构趋向于异配性网络,个别高中心性节点受到攻击失效后,易对整个网络的功能和运行产生较大影响,网络恢复能力较弱,导致网络韧性程度较低。但同配性系数呈现出逐年增大态势,也表明 "一带一路" 贸易网络恢复能力处于不断改善当中。

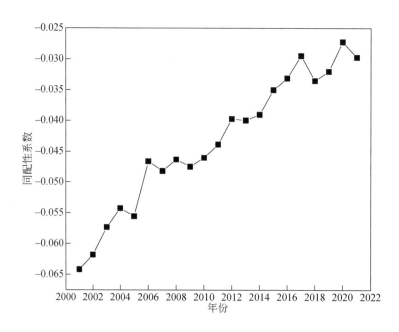

图 5-5 “一带一路”贸易网络恢复性测度

　　根据网络恢复性测度结果，目前网络中高中心性枢纽节点大多连接低中心性节点，核心骨干之间的连接强度有待于加强。2001～2021年，“一带一路”贸易网络的同配性系数由−0.0642 增长至−0.0297，网络联系的分散程度有所降低，恢复能力逐步增强。这一方面可能是因为处于核心地位的贸易大国通过与其他国家开展贸易合作，对其经济发展和对外贸易产生积极促进效应，带动了各国贸易网络的发展；另一方面也体现了中国、新加坡、俄罗斯等贸易大国间贸易合作的持续深化，高中心性国家间贸易联系强度不断强化，形成沿线地区贸易网络的骨干结构，从而有效提升了网络的连通性和恢复性。“一带一路”贸易网络的主要贸易联系逐渐由“核心-非核心”连通结构向“核心-核心”或“核心-次核心”连通结构转变，网络联系总体趋于紧凑、集中化发展，使得贸易网络的恢复能力和整体韧性有所提高，避免因个别国家的角色危机导致整体贸易网络失效，同时这一转变也将推动贸易网络"核心-边缘"连通模式的形成。

5.5.4 网络稳健性

为了测度"一带一路"贸易网络稳健性，本章进一步对网络中各节点的加权节点度和连边权重进行排序，通过模拟攻击移除特定节点和连边，测度网络连通规模指标的变化。具体结果如图 5-6 所示。"一带一路"贸易网络的节点和连边强度位序–规模分布近似为幂指数曲线，具有显著的极化效应，网络连通程度随着节点和连边的移除呈现先快速下降、后低位稳定的态势，存在对网络功能具有决定性作用的关键国家和贸易联系，并随着时间推移对蓄意攻击的抵御能力总体较低且日益下降。

从网络节点来看，"一带一路"沿线贸易规模极化效应日益显著，少数国家占据了沿线地区大部分贸易额，移除最核心节点对网络节点强度造成的损失逐年扩大。2001 年，排名前六位的国家占据了大量贸易规模，移除这六个节点使得网络的总体节点强度大幅下跌，在此点之后，节点移除带来的节点强度损失下降速率有所减小，而在国家位

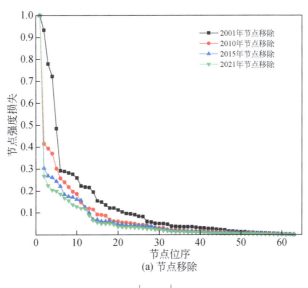

(a) 节点移除

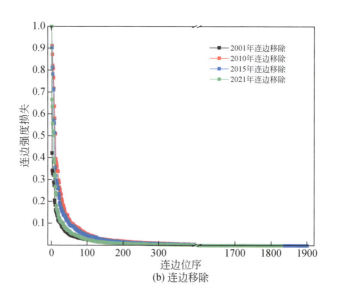

图 5-6 "一带一路"贸易网络稳健性测度

序约 26 位之后曲线较为平稳。2010 年、2015 年和 2021 年的节点位序-强度损失曲线形态较为相似，节点强度损失的衰减速率较为相近，都在国家位序约 15 位显著降低，并在约 30 位之后近似呈直线分布。值得注意的是，作为排名第一的国家，中国拥有最高的节点强度，一旦被移除或失效，将极大地影响整个网络连接效率。而对于排序靠后的节点，即使因被攻击而失效，对于网络节点强度造成的损失也很小，对网络的整体运转几乎不具有威胁性。

从网络连边来看，"一带一路"沿线贸易联系的极化效应呈现先减小后增大的态势，但总体较为显著，少数贸易联系对网络整体结构具有决定性作用。四个年份的连边移除结果具有较高相似性，都表现为排序前五十的连边失效对整体网络连边强度损失的影响较大，而排序在两百位之后的连边对于整个网络的连边强度影响趋近于 0。其中，2001 年连边位序-强度损失曲线的弯曲程度最大，而 2010 年弯曲程度有所减小，2015 年和 2021 年又进一步增大，说明 2001 年以来"一带一路"沿线贸易联系呈现先集中，后趋于分散，而后又逐渐紧密的演化特征。2001 年，"一带一路" 贸易网络较为松散，存在较多仅与少量沿线国家开展贸易合作的 "边缘国家"，主要贸易联系集中在中国、新加坡、俄罗斯等贸易大国间，"一带一路" 贸易联系较为集中。随着经济全球化深入发展和沿线国家贸易合作的持续深化，沿线各国间普遍建立了贸易联系，各国与核心贸易大国之间的贸易联系也日益紧密，"一带一路" 沿线贸易联系相较于 2001 年略微松散。之后，随着中国等贸易核心国家间经贸合作进一步深入，沿线地区贸易联系又向主要大国间集聚。

综上所述，"一带一路" 贸易网络中存在少数权重极高的节点和连边，对于网络的稳健性有决定性作用，一旦失效将造成整个网络的瓦解和崩溃。同时，也存在较多对网络稳健性影响很小的节点，即使移除或失效也并不影响网络的运行。大量低权重节点和连边的存在，使得 "一带一路" 贸易网络对于随机攻击的抵御能力相对较强，而少数高权重核心节点和连边的存在，导致贸易网络对于蓄意攻击的抵御能力总体较弱，网络稳健性有待进一步增强。

5.6　结论与讨论

贸易畅通是 "一带一路" 建设的重要目标，开展经贸合作是沿线各国提升国际竞争力和影响力的重要方式，也是推动 "一带一路" 高效建设的基本动力。借鉴复杂网络理论内涵，本章综合运用多种网络分析方法，从节点韧性和结构韧性两个维度对 2001～2021 年 "一带一路" 贸易网络韧性进行综合测度，并探讨其演变过程和发展特征，以期为沿线地区贸易互联互通、"一带一路" 高质量建设提供有益参考。

研究结论如下：① "一带一路" 沿线各国贸易联系日趋紧密，贸易网络密度不断提升，不均衡态势逐渐显现，贸易网络拓扑结构呈现由松散向紧密发展、由多极向单极演变的趋势，形成了以中国为绝对核心，俄罗斯、印度、马来西亚等国为重要节点的贸易格局。②在节点韧性方面，"一带一路"沿线各国在贸易网络中的地位和角色具有明显的异质性，并处于动态演化中。2001 年以来，贸易网络加权节点度数值普遍提升，多样性系数无明显变化，而中介中心性除中国有明显上升以外，其他国家普遍存在波动或下降趋势，逐渐形成以中国、俄罗斯、印度、土耳其等国家为强韧核心的贸易格局。③在结构韧性方面，"一带一路"贸易网络结构韧性总体有所提升，网络结构异质性不断增强。从连通性来看，2001 年以来"一带一路"贸易网络的全局效率显著提升，网络连通性大幅上升；从抗毁性来看，"一带一路"贸易网络抗毁性呈现出波动下滑态势，整体贸易网络的抗毁能力有所减弱；从恢复性来看，"一带一路"贸易网络为异配性网络、网络恢复能力较弱，但同配系数逐渐增大，网络恢复性逐渐提升；从稳健性来看，"一带一路"贸易网络存在少数对于整体网络稳健性具有关键作用的高权重节点和连边，一旦失效将造成整个网络的瓦解和崩溃。

开展"一带一路"贸易网络韧性研究，对于明确沿线地区经贸合作重点方向、优化沿线地区贸易格局、提高沿线国家贸易往来的抗风险能力具有重要意义。在当前复杂多变的国际形势下，"一带一路"沿线贸易合作在充满机遇的同时，也面临许多新的挑战和问题。在未来"一带一路"建设中，为实现贸易网络的有效构建和稳定发展，应通过基础设施联动建设、政策协同制定、信息无壁垒交流和贸易自由流动等，进一步加强"一带一路"贸易网络各节点间的连通能力，确保人才、信息、资金等的高效率流通。此外，应强化核心国家与核心国家、核心国家与边缘国家等多维度互动和经贸联系，通过政策沟通寻找利益契合点，进一步提升贸易网络的连通性和稳健性，促进"一带一路"贸易畅通向更高水平、更宽维度高质量发展。在下一步研究中，可考虑对"一带一路"贸易网络韧性的影响因素和驱动机制开展探究，为营造更安全、开放和可靠的"一带一路"贸易环境提供科学指引。

参 考 文 献

陈伟, 赵晞泉, 刘卫东, 等. 2023. "一带一路" 贸易网络演化与贸易门户国家识别. 地理学报, 78 (10): 2465-2483.

种照辉, 覃成林. 2017. "一带一路" 贸易网络结构及其影响因素——基于网络分析方法的研究. 国际经贸探索, 33 (5): 16-28.

方叶林, 苏雪晴, 黄震方, 等. 2022. 中国东部沿海五大城市群旅游流网络的结构特征及其韧性评估——基于演化韧性的视角. 经济地理, 42 (2): 203-211.

郭卫东, 钟业喜, 冯兴华. 2022. 基于脆弱性视角的中国高铁城市网络韧性研究. 地理研究, 41 (5): 1371-1387.

黄梅, 刘晨曦, 俞晓莹, 等. 2022. 城市水生态网络韧性评价与优化策略——以长沙市为例. 经济地理, 42 (10): 52-60.

计启迪, 刘卫东, 陈伟, 等. 2021. 基于产业链的全球铜贸易网络结构研究. 地理科学, 41 (1): 44-54.

李博, 曹盖. 2022. 基于涉海 A 股上市公司的中国沿海地区海洋经济网络结构韧性演化研究. 地理科学进展, 41 (6): 945-955.

刘志高, 王涛, 陈伟. 2019. 中国崛起与世界贸易网络演化: 1980~2018 年. 地理科学进展, 38 (10): 1596-1606.

吕越, 尉亚宁, 王强. 2023. 共建 "一带一路" 与全球贸易网络深化. 中国人民大学学报, 37 (1): 131-144.

钮潇雨, 陈伟, 俞肇元. 2023. "一带一路" 贸易网络连通性演化. 地理科学进展, 42 (6): 1069-1081.

宋周莺, 车姝韵, 张薇. 2017a. 我国与 "一带一路" 沿线国家贸易特征研究. 中国科学院院刊, 32 (4): 363-369.

宋周莺, 车姝韵, 杨宇. 2017b. "一带一路" 贸易网络与全球贸易网络的拓扑关系. 地理科学进展, 36 (11): 1340-1348.

魏石梅, 潘竞虎. 2021. 中国地级及以上城市网络结构韧性测度. 地理学报, 76 (6): 1394-1407.

魏冶, 修春亮. 2020. 城市网络韧性的概念与分析框架探析. 地理科学进展, 39 (3): 488-502.

Alves H, Brito P, Campos P. 2022. Centrality measures in interval-weighted networks. Journal of Complex Networks, 10 (4): cnac031.

Barabási A L. 2016. Network Science. Cambridge: Cambridge University Press.

Barrat A, Barthelemy M, Pastor-Satorras R, et al. 2004. The architecture of complex weighted networks. Proceedings of the National Academy of Sciences, 101 (11): 3747-3752.

Buldyrev S V, Parshani R, Paul G, et al. 2010. Catastrophic cascade of failures in interdependent networks. Nature, 464 (7291): 1025-1028.

Chen W, Zhang H, Tang Z, et al. 2023. Assessing the structural connectivity of international trade networks along the "Belt and Road". PLoS ONE, 18 (3): e0282596.

Chen W, Zhang H. 2022. Characterizing the structural evolution of cereal trade networks in the Belt and Road regions: A network analysis approach. Foods, 11 (10): 1468.

Chen W, Zhao X. 2023. Understanding global rice trade flows: Network evolution and implications. Foods, 12 (17): 3298.

Dagum C. 1997. A new approach to the decomposition of the Gini income inequality ratio. Empirical Economics, 22 (4): 515-531.

Eagle N, Macy M, Claxton R. 2010. Network diversity and economic development. Science, 328 (5981): 1029-1031.

Freeman L C, Roeder D, Mulholland R R. 1979. Centrality in social networks: II. Experimental results. Social Networks, 2 (2): 119-141.

Gao J, Barzel B, Barabási A L. 2016. Universal resilience patterns in complex network. Nature, 530 (7590): 307-312.

Holling C S. 1973. Resilience and stability of ecological systems. Annual Review of Ecology and Systematics, 4 (1): 1-23.

Kharrazi A, Rovenskaya E, Fath B D. 2017. Network structure impacts global commodity trade growth and resilience. PLoS ONE, 12 (2): e0171184.

Latora V, Marchiori M. 2001. Efficient behavior of small-world networks. Physical Review Letters, 87 (19): 198701.

Leung C C, Chau H F. 2007. Weighted assortative and disassortative networks model. Physica A: Statistical Mechanics and its Applications, 378 (2): 591-602.

Liu Z, Wang T, Sonn J W, et al. 2018. The structure and evolution of trade relations between countries along the Belt and Road. Journal of Geographical Sciences, 28 (9): 1233-1248.

Newman M E J. 2002. Assortative mixing in networks. Physical Review Letters, 89 (20): 208701.

Pigorsch U, Sabek M. 2022. Assortative mixing in weighted directed networks. Physica A: Statistical Mechanics and its Applications, 604: 127850.

Sun X, Wei Y, Jin Y, et al. 2023. The evolution of structural resilience of global oil and gas resources trade network. Global Networks，23（2）：391-411.

Wei N，Xie W，Zhou W. 2022. Robustness of the international oil trade network under targeted attacks to economies. Energy，251：123939.

Yang J，Chen W. 2023. Unravelling the landscape of global cobalt trade：Patterns，robustness，and supply chain security. Resources Policy，86：104277.

第6章 "一带一路"粮食贸易网络演化

粮食贸易是"一带一路"沿线国家间经贸合作的重要内容，对于保障沿线国家粮食安全、构建沿线地区利益共同体和命运共同体具有重要意义。基于"一带一路"粮食贸易网络数据，本章运用Top网络、中心性以及核心-结构轮廓等网络分析方法，刻画2001年以来"一带一路"沿线国家间粮食贸易网络格局，剖析粮食贸易网络的主干结构特征，识别粮食贸易网络核心-边缘结构演化过程，揭示"一带一路"贸易网络结构性演化规律，以期为促进粮食贸易合作、构筑粮食生产与消费共同体及保障沿线地区粮食安全提供有益参考。

6.1 研究背景

粮食是人类赖以生存和发展的根本，粮食的丰缺直接影响着国家的社会稳定和经济发展。涉及粮食生产、流通、贸易和存储等粮食安全的有关话题一直是世界各国政府部门和学术界普遍关注的焦点话题。粮食生产受水土资源、气候条件和生产技术等要素的影响，具有显著的地域根植性（Matkovski et al., 2021）。从全球范围来看，不同国家的粮食生产和人均粮食产量在空间上的分布极不均衡。但随着经济全球化的深入发展，粮食的自由贸易使得其所依附的农业资源在全球范围内得以重新分配，为调节粮食供需的地域不平衡状态提供了重要途径（Arita et al., 2020；D'Odorico et al., 2014；Lee, 2012；Montolalu et al., 2022）。2000年以来，全球粮食贸易量增长了一倍多，越来越多的国家参与到粮食进口或出口的进程中来（Davis et al., 2014; 王介勇等, 2021)。一国或一地区的粮食安全状况与更广泛的国家和地区相关联, 维持国际粮食贸易网络的稳定性对于促进世界各国安全稳定和构建人类命运共同体意义重大。

复杂网络分析能够定量评估社会经济发展过程中的复杂联系, 且与地理学探究地理现象的格局与过程变化的研究视角和思路相契合, 采用网络分析工具探究日益联系紧密的全球粮食贸易网络已经成为一个新兴的热门研究方向 (Chen, 2021; Hou et al., 2018; Saint et al., 2019)。对于农产品贸易网络的研究最为常见 (Cai and Song, 2016; 王祥等, 2018)。随着研究的不断深入, 针对海鲜、肉类等多元化食物类型的贸易网络研究不断涌现 (Chung et al., 2020; Gephart and Pace, 2015; 李天祥等, 2021)。单独针对粮食中的小麦 (Fair et al., 2017; Gutiérrez- Moya et al., 2021)、玉米 (Wu et al., 2021) 和稻米 (周墨竹和王介勇, 2020) 等不断细分的粮食贸易网络研究成果为各国制定更加丰富、更多选择的粮食安全策略提供了重要的理论支撑。

中国提出的 "一带一路" 倡议旨在构筑开放、包容、平等、互惠的国际合作交流新平台, 引领包容性全球化发展 (Liu and Michael, 2016; Liu et al., 2018)。经历近 10 年的推动与建设, "一带一路" 倡议在促进沿线国家经贸交流与开放合作等方面成效显著 (Song et al., 2018), 作为国家间经贸联系的重要内容, "一带一路" 的粮食贸易逐渐受到学者们的关注。关于利用 "一带一路" 沿线国家粮食市场与资源的研究 (孙致陆和张德凤, 2021), 粮食贸易及其隐含的虚拟水土资源的研究 (汪艺晗等, 2021), 粮食生产与消费时空格局的研究 (张超等, 2021) 等陆续开展。由于 "一带一路" 沿线国家的农业发展存在科技含量低、土地利用效率低、生产组织化程度低等问题, 部分国家甚至仍然存在一定比重的饥饿人口, 国家间普遍存在强烈的粮食贸易诉求 (Pyakuryal et al., 2010)。因此, 进一步深入开展国家间的农业合作和粮食贸易网络研究是面向 "一带一路" 沿线国家客观需要的重要命题，也是沿线国家共建利益共同体和命运共同体的结合点之一。

现有关于国际粮食贸易的研究取得了一些进展，丰富和扩展了国际粮食贸易网络认知水平。但还存在以下不足：①相较于"一带一路"贸易网络研究，关于粮食贸易网络的研究开展相对较晚、认知仍相对有限，侧重于贸易隐含的水土资源的探讨以及粮食生产和消费的时空格局分析，从贸易网络视角刻画"一带一路"沿线的区域性粮食贸易网络结构变迁的研究尚有待补充。②现有关于粮食贸易网络的研究更多侧重于刻画粮食贸易网络的格局特征与拓扑关系，而忽视了粮食贸易网络结构具有的不均衡性，不同国家的贸易规模和贸易联系差异较大，缺乏运用新方法和新技术手段系统揭示粮食贸易网络的内在结构特征及其演化过程的研究。③当今世界充满着影响粮食安全的各类因素，服务区域粮食安全应是有关研究的应用价值所在。但是现有的粮食贸易研究，重现状格局刻画，轻贸易网络问题及风险评估，重理论研究，轻实践应用探索，致使研究结果难以有效指导和服务动态变化的粮食安全局势。

因此，为填补以上研究不足，基于"一带一路"粮食贸易网络数据，本章运用 Top 网络、中心性以及核心–边缘轮廓等网络分析方法，刻画 2001 年以来"一带一路"沿线国家间粮食贸易网络格局，剖析粮食贸易网络的主干结构特征，识别粮食贸易网络核心–边缘结构演化过程，揭示"一带一路"贸易网络结构性演化。上述研究结论，将有助于科学认识"一带一路"粮食贸易网络结构性演化特征，为促进粮食贸易合作、构筑粮食生产与消费共同体、保障沿线国家粮食安全提供有益参考。

6.2 分析框架、方法与数据

6.2.1 分析框架

"一带一路"倡议对于促进区域贸易一体化发挥着重要的积极作用，而农业合作，特别是粮食贸易自古以来就是丝绸之路沿线国家贸易合作的重点内容。为此，本章采用 Top 网络、中心性、以及核心-边缘轮廓（core-periphery profile）等分析算法，量化评价"一带一路"沿线国家粮食贸易网络结构特征及其时空动态。首先，本研究构建了"一带一路"沿线 65 个国家的贸易网络矩阵，对"一带一路"沿线国家粮食贸易的空间网络进行可视化，从地理角度揭示了"一带一路"粮食贸易网络的整体格局演化。其次，本研究通过提取了"一带一路"粮食贸易网络的 Top2 网络，捕获最大贸易国之间构成的骨干贸易结构，并采用 Gephi 软件进行可视化表达。此外，本研究应用度中心性、中介中心性和特征向量中心性等网络科学领域的特征性指标测度了"一带一路"粮食贸易网络节点的中心性演变趋势。最后，本研究采用核心-边缘轮廓算法分析了贸易网络的核心结构和外围结构，并确定了"一带一路"粮食贸易网络中最具影响力和边缘性的国家和地区。基于上述分析框架，本章旨在全面探析"一带一路"沿线粮食贸易网络结构的时空动态。

6.2.2 研究方法

（1）Top 网络

在真实世界网络中，由众多节点和连边构成的网络过于复杂，不利于展现出清晰的网络结构，因此通常通过提取网络的主干结构达到简化网络整体结构的目的。其中，Top 网络是提取网络主干结构的常用方法之一。在贸易网络研究中，Top 网络通过保留每个国家联系最紧密的贸易伙伴国和相应的贸易联系，提取贸易网络主干结构，减少相对较弱的贸易联系对网络整体信息的遮罩（刘志高等，2019；计启迪等，2021）。例如，Top1 网络包含了所有国家各自贸易量最大的贸易联系，Top2 网络包含了所有国家各自贸易量前两位的贸易联系，以此类推。在网络特征方面，虽然 Top 网络并未显示全部的贸易联系，但其包含了贸易网络中的主要信息，在精简数据、便于分析的同时保留了网络的总体结构和关键特征。本章选择 Top2 网络来刻画不同年份"一带一路"沿线国家间的粮食贸易网络演变特征。

（2）中心性

1）度中心性。

度中心性是指贸易网络中与某个特定节点建立的直接联系的节点数目，是刻画贸易节点与其他节点联系强度的指标。一般来说，度中心性越大，网络中与该节点建立的联系越多，该节点在网络中的地位越重要。

2）中介中心性。

中介中心度是衡量节点在贸易网络中的中介重要性。中介中心性越高，说明该节点在贸易网络中的桥梁作用越强，控制其他节点的潜在能力越强。在一个具有 N 个节点的网络中，节点 j 和 k 之间的最短路径会途经某些节点，如果节点 i 被许多最短路径经过，则表示该节点在网络中很重要。其重要性可以用中介中心性 $C_B(i)$ 来表示，计算公式为

$$C_B(i) = \sum_{\substack{1 \leqslant j \leqslant k \leqslant N \\ s \neq j \neq k}} \frac{n_{jk}(i)}{n_{jk}} \tag{6-1}$$

式中，n_{jk} 为节点 j 和 k 之间最短路径的条数；$n_{jk}(i)$ 为节点 j 和 k 之间

的最短路径经过的节点 i 的条数。

3）特征向量中心性。

一个节点在网络中的重要程度不仅取决于其自身的中心性，还与其邻近节点的数量和中心性有关。特征向量中心性以目标节点周围所连接节点的中心性来度量目标节点的中心性，是反映节点在贸易网络中连通性的指标。具有高特征向量的节点意味着它已连接到许多本身具有高特征向量的节点。特征向量中心性的计算公式为

$$AX = ZX \tag{6-2}$$

$$Z_i x_i = a_{1i} x_1 + a_{2i} x_2 + \cdots + a_{ti} x_t + \cdots + a_{ni} x_n \ (i \neq t) \tag{6-3}$$

$$C_{(e)i} = Z_i \tag{6-4}$$

式中，A 为由 a_{ni} 组成的一个 $n \times n$ 的邻接矩阵；$X = (x_1, x_2, x_3, \cdots, x_n)^{\mathrm{T}}$ 分别表示各节点的度数中心性；Z_i 为特征向量中心性值；a_{ij} 为节点 i 对节点 j 地位的贡献度；$C_{(e)i}$ 为节点 i 的特征向量中心性。

（3）核心–边缘轮廓

网络是由具有不同属性的节点和连边构成，核心–边缘结构（core-periphery structure）则是由网络中紧密联系的核心节点与稀疏联系的边缘节点所共同构成的一种网络存在形式（Boyd et al.，2006）。为了识别网络核心–边缘结构，虽然部分算法被提出，但大多数算法均无法处理加权网络。在此背景下，Rossa 等（2013）提出了核心–边缘轮廓算法（core-periphery profile），通过模拟随机游走的行为来刻画网络中的核心结构和边缘结构，并提供一种全局性的拓扑描述。

在一个具有理想核心–边缘结构的网络中，边缘节点通常只与核心节点相连接，而边缘节点之间却不存在连接。然而，在大多数真实网络中，核心–边缘结构并不总是理想形式的，即边缘节点之间也会有微弱联系（但不是绝对没有）。因此，需要对边缘节点的持续概率 α_p 做一般化定义，即最大的子网络具有 $\alpha_s \leqslant \alpha$。

基于上述对持续概率的逻辑推演，定义给定网络中的核心–边缘轮

廊 α_k ($k=1$, 2, $\cdots$, n), 具体公式为

$$\alpha_k = \min_{h \in N \backslash P_{k-1}} \frac{\displaystyle\sum_{i,j \in P_{k-1} \cup \{h\}} \pi_i m_{ij}}{\displaystyle\sum_{i \in P_{k-1 \cup \{h\}}} \pi_i}$$

$$= \min_{h \in N \backslash P_{k-1}} \frac{\displaystyle\sum_{i,j \in P_{k-1}} \pi_i m_{ij} + \sum_{i \in P_{k-1}} (\pi_i m_{ih} + \pi_h m_{hi})}{\displaystyle\sum_{i \in P_{k-1}} \pi_i + \pi_h} \quad (6\text{-}5)$$

式中, $N = \{1, 2, \cdots, n\}$ 为网络中的节点; k 为假设被选中的节点; $\pi > 0$, 为访问某节点的渐进概率, 即在该节点上所花费的时间步长分数; $m_{ij} = w_{ij} / \sum_h w_{ih}$, 为在每个 (离散的) 时间步骤中, 节点 i 随机游走至节点 j 的概率值。根据每一步持续概率的最小增量, 逐次添加具有最小权重的节点, 如果它不是唯一的, 则在具有最小权重的节点中随机选择一个节点 h, 具有最强联系的节点将在最后被添加, 从而获取整体网络的核心–边缘结构。按照位序, 获得集合 P_k 的连续概率序列 $0 = \alpha_1 \leqslant \alpha_2 \leqslant \cdots \leqslant \alpha_n = 1$。

作为上述算法的副产品, 集中系数 (centralization coefficient) 和核心度 (coreness) 成为认识网络核心–边缘结构的重要工具。在核心–边缘结构中, 集中系数主要反映的是网络结构的集中程度, 核心节点分布越集中、数量越少, 则该网络的集中系数越大。因此, 集中系数 C 的表达式为

$$C = 1 - \frac{2}{n-2} \sum_{k=1}^{n-1} \alpha_k \quad (6\text{-}6)$$

当 $C=1$ 时, 网络只有单独一个节点; 当 $C=0$ 时, 则网络为完全均衡分布。核心度越接近于 1, 则表示该节点在网络中的位置和角色越重要; 反之, 则该节点越边缘化。

6.2.3 数据说明

粮食的含义有广义和狭义之分，广义的粮食是指可供人类食用的谷物、豆类和薯类的统称，狭义的粮食单指谷物。谷物作为人类主要的食物来源，在养活人口方面发挥着基础性作用，此类贸易在全部农产品贸易中占据最大比重。因此，本章以谷物为研究对象，选取了国际商品名称及编码协调制度公约中所规定的"谷物"（HS10-Cereals）类别，包括小麦及混合麦（HS1001）、黑麦（HS1002）、大麦（HS1003）、燕麦（HS1004）、玉米（HS1005）、水稻（HS1006）、高粱（HS1007）、荞麦（HS1008）8 个品种。国家间贸易流量数据主要来源于联合国商品贸易统计数据库（UN Comtrade）中的"谷物"（HS10-Cereals）数据，本研究将国家看作是网络中的节点，国家间贸易流量看作是网络中的连边，构建"一带一路"粮食贸易网络。

开展粮食贸易网络的时间演变特征研究需要掌握贸易网络演变动态，同时还要兼顾网络特征刻画的效率和精确程度。考虑到国家间粮食贸易网络的年际差异较小和文章的篇幅限制，本章选择具有世界范围影响力的事件发生的典型年份展开对比研究，以凸显不同时代背景下的"一带一路"沿线粮食贸易网络演化特征。其中，2001 年中国加入世界贸易组织，极大程度改变了世界经济和贸易格局，所以选择2001 年为研究的起始年份，2008 年全球爆发了金融危机和 2013 年中国提出的"一带一路"倡议都深刻影响着世界经济格局和分工体系，也对"一带一路"的粮食贸易网络带来重要影响。而在 2019 年底暴发的新冠疫情对世界经贸格局带来巨大冲击（Büyüksoy et al.，2022），因此，本章将 2019 年作为研究的终点年份。选择上述四个典型年份，一方面有利于揭示疫情发生前的国际粮食贸易体系特征，总结一般性规律；另一方面保障了研究的时效性，也为后续开展全球危机事件对贸易网络冲击的研究提供对比和参照。综上，本章选择 2001 年、2008

年、2013 年和 2019 年为典型年份展开探讨。

6.3 "一带一路" 粮食贸易格局演化

以"一带一路"沿线国家为节点，以各国对其他国家的粮食贸易总额为连边，本章构建 2001~2019 年"一带一路"沿线 65 国间完整的无向加权粮食贸易网络，并对其进行空间网络可视化。其中，网络权重指的是国家间的贸易流量，体现两国间的贸易规模，权重的大小用连边的线条粗细体现。具体结果如图 6-1 所示。总体上，"一带一路"沿线国家间的粮食贸易已经形成一个联系紧密、结构复杂的贸易网络，"一带一路"倡议显著促进了沿线国家间的粮食贸易联系。

"一带一路"沿线国家间的粮食贸易持续增长，由 2001 年的 38.09 亿美元增长至 2019 年的 285.08 亿美元。其中，2001~2008 年增长幅度最大，7 年间粮食贸易增长了近 4 倍，2008~2013 年增长较为平缓，5 年间粮食贸易仅增长了 10.28 亿美元。2013 年以后，"一带一路"沿线国家间的粮食贸易增长加速，6 年间增长了 50.84 亿美元，

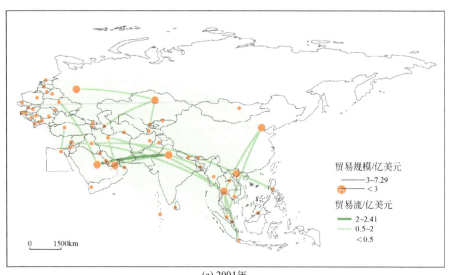

(a) 2001年

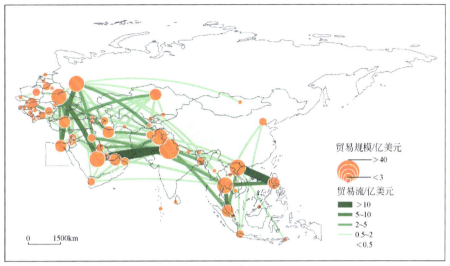

(b) 2008年

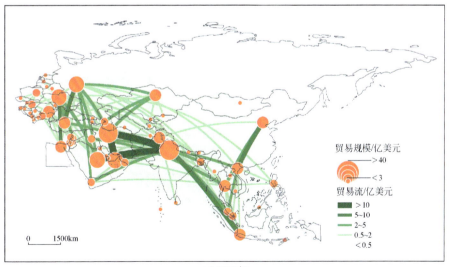

(c) 2013年

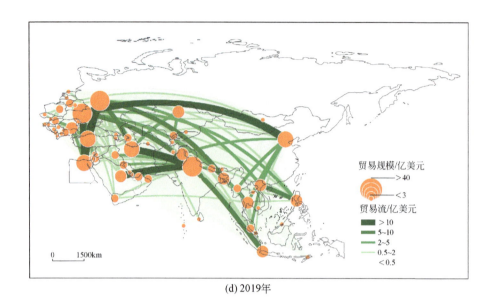

(d) 2019年

图 6-1　粮食贸易格局演化

几乎是 2008～2013 年增幅的 5 倍。"一带一路"沿线国家间的粮食贸易已经形成一个联系紧密、结构复杂的贸易网络，2001～2019 年，粮食贸易节点规模和流量规模不断增大，国家间粮食贸易联系日益频繁并不断强化。特别是 2013 年以来，各国间的粮食贸易互相依赖程度不断加深，骨干连接进一步壮大，网络结构发育程度显著提高。为了进一步揭示"一带一路"粮食贸易规模特征，接下来本研究从贸易总量和贸易流量两个方面展开详细探讨，其中贸易总量指一个国家粮食进出口总额，贸易流量指发生粮食贸易的两个国家间粮食贸易总额。

　　在贸易总量上，"一带一路"各国贸易规模均显著增长，核心节点特征突出。2001～2019 年，首位节点的粮食贸易规模由 7.29 亿美元增长至 66.83 亿美元，65 国中贸易总额超过 1 亿美元的节点数也由 23 个增长至 52 个。印度、俄罗斯和乌克兰是"一带一路"沿线粮食贸易的核心节点，其贸易规模长期居沿线各国前列。同时，"一带一路"沿线粮食贸易集聚特征明显，网络体系首位度不断提高。首位节点的贸易额占比由 2001 年的 19.14% 波动增长至 2019 年的 23.44%，前五位节点的贸易额累计占比也由 69.31% 持续增长至 87.73%，粮食贸易的极化特征显著。

在贸易流量上，"一带一路"沿线国家间贸易联系不断增强，流量规模显著增大。2001 年国家间规模最大的贸易联系是印度与沙特阿拉伯之间的粮食贸易，贸易额为 2.41 亿美元。随着经济全球化的深入发展以及各国开放程度的不断提高，"一带一路"沿线国家的粮食贸易流量不断增大，截至 2019 年，国家间规模最大的粮食贸易联系为土耳其与俄罗斯建立的，贸易额达到 16.58 亿美元。进一步，骨干贸易连接由单一结构迈向多元结构，国家间的粮食贸易相互依赖程度日益加深。2001 年最大的贸易连接规模不足 3 亿美元，且该贸易规模远远大于沿线其他国家间的贸易联系。至 2008 年，贸易额超过 10 亿美元的连接数达到 3 个，2013 年贸易额超过 10 亿美元的连接数量不变，但不同层次的贸易连接的规模均有所增长。"一带一路"倡议提出后，沿线国家间的粮食贸易联系强度显著增大，流量超过 10 亿美元的贸易连接达到 6 个，分别为土耳其与俄罗斯、俄罗斯与埃及、伊朗与印度、乌克兰与埃及、沙特阿拉伯与印度、乌克兰与中国，骨干连接多元化趋势显著。

6.4 "一带一路"粮食贸易主干网络演化

6.4.1 Top 网络结构演化

本章提取"一带一路"沿线国家粮食贸易的 Top2 网络，以刻画最大贸易伙伴国之间形成的主干网络结构演化，并运用 Gephi 软件进行可视化处理（图 6-2）。在主干网络结构中，节点表示各个国家，连接表示国家间的贸易联系，节点的大小与该国对外的贸易关系数量成正比，节点越大，表示该国在主干贸易网络中的对外联系越多。

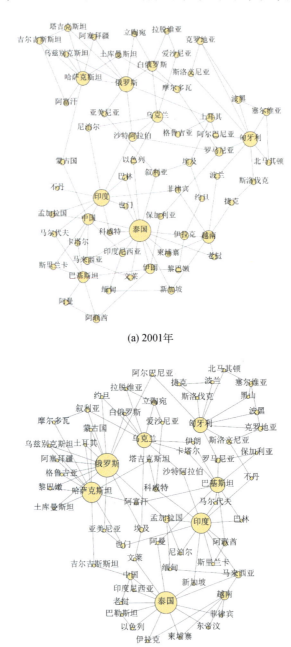

(a) 2001年

(b) 2008年

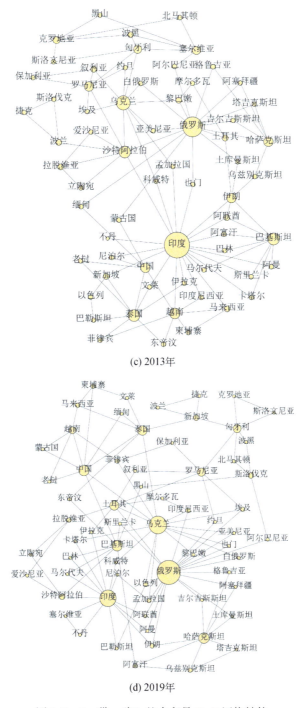

(c) 2013年

(d) 2019年

图 6-2 "一带一路" 粮食贸易 Top2 网络结构

研究发现，"一带一路"沿线粮食贸易的主干网络结构具有显著的地理邻近性，空间距离仍然起到重要作用。中亚五国、蒙古国和俄罗斯形成了以哈萨克斯坦和俄罗斯为贸易中心的区域性贸易团体，中东欧国家形成了以匈牙利和乌克兰为中心的区域性贸易团体。由于粮食的重量和体积较大，其属于运费敏感型商品，在区域性贸易交往中，地理距离仍然发挥着重要作用。印度、俄罗斯和乌克兰是"一带一路"沿线国家最重要的粮食贸易伙伴，随着时间演化，俄罗斯的贸易地位越来越重要。2001～2019 年，上述三国均属于近 10 个国家的前两位贸易伙伴，且它们在 Top2 贸易网络中的伙伴关系国的数量不断增长。其中俄罗斯在 Top2 贸易网络中的伙伴关系国的数量由 2001 年的 9 个增长至 2019 年的 19 个，位居所有国家之首。此外，随着时间演化，部分国家的主要贸易对象处于动态演变进程中，说明"一带一路"沿线粮食贸易市场并未形成固定的国家间粮食交易伙伴，粮食贸易竞争态势明显。从整个研究周期来看，贸易核心由相对多元向着极化的趋势演进，除部分核心节点长期处于领导地位，以泰国和匈牙利为代表的部分国家逐渐在贸易网络中失去了原有的影响力。

6.4.2 Top 网络中心性特征

动态识别网络中有影响力的节点演变是进一步充分认识网络结构特征的重要方法。本章借助度中心性、中介中心性和特征向量中心性三个指标，结合各个指标所能挖掘的网络结构的特定属性来识别"一带一路"沿线粮食贸易 Top2 网络的层级结构特征。

表 6-1 列出了 2001 年、2008 年、2013 年和 2019 年各中心度指标排名前十的国家及其中心度数值。根据各个国家中心性特征，可以得出以下结论：①俄罗斯、印度和乌克兰是"一带一路"沿线粮食贸易网络的绝对中心，随着时间演化，这三个国家在 3 类中心性指标中始终处于前列，掌控着整个贸易网络结构的稳定性。②中国和哈萨克斯

表 6-1 "一带一路" 粮食贸易主干网络中心性指标

国家或地区	度中心性	国家或地区	中介中心性	国家或地区	特征向量中心性	国家或地区	度中心性	国家或地区	中介中心性	国家或地区	特征向量中心性
2001 年						2008 年					
泰国	14	泰国	542.47	泰国	1.00	俄罗斯	14	印度	527.27	俄罗斯	1.00
印度	10	匈牙利	380.51	中国	0.49	泰国	13	俄罗斯	515.36	哈萨克斯坦	0.80
匈牙利	9	印度	363.35	印度	0.45	印度	12	泰国	498.61	印度	0.52
俄罗斯	9	俄罗斯	343.42	马来西亚	0.39	哈萨克斯坦	12	匈牙利	473.33	乌克兰	0.41
哈萨克斯坦	8	沙特阿拉伯	321.44	印度尼西亚	0.36	巴基斯坦	9	巴基斯坦	398.97	孟加拉国	0.38
越南	7	罗马尼亚	298.70	越南	0.35	巴基斯坦	9	哈萨克斯坦	288.89	黎巴嫩	0.38
中国	6	哈萨克斯坦	198.01	伊朗	0.35	乌克兰	9	乌克兰	229.22	蒙古国	0.38
巴基斯坦	6	越南	191.31	伊拉克	0.35	越南	5	阿尔巴尼亚	220.47	阿塞拜疆	0.38
乌克兰	6	中国	190.53	新加坡	0.33	孟加拉国	4	罗马尼亚	190.71	格鲁吉亚	0.38
白俄罗斯	5	伊朗	188.17	巴林	0.31	中国	4	阿曼	161.87	土库曼斯坦	0.38
2013 年						2019 年					
印度	20	印度	1013.46	印度	1.00	俄罗斯	19	俄罗斯	653.02	俄罗斯	1.00
俄罗斯	15	沙特阿拉伯	674.09	俄罗斯	0.44	乌克兰	14	乌克兰	515.32	乌克兰	0.80
乌克兰	10	俄罗斯	628.80	巴基斯坦	0.42	印度	13	土耳其	373.41	土耳其	0.46
巴基斯坦	8	乌克兰	389.05	沙特阿拉伯	0.42	中国	8	罗马尼亚	360.77	印度	0.41
沙特阿拉伯	8	匈牙利	227.62	伊朗	0.40	哈萨克斯坦	8	匈牙利	338.99	埃及	0.37
泰国	8	越南	165.66	越南	0.38	巴基斯坦	8	巴基斯坦	300.92	印度尼西亚	0.35
越南	7	罗马尼亚	163.65	阿联酋	0.33	泰国	7	印度	291.16	孟加拉国	0.35
中国	6	塞尔维亚	159.37	乌克兰	0.31	土耳其	7	中国	285.31	以色列	0.35
伊朗	6	伊朗	141.47	马来西亚	0.28	匈牙利	6	泰国	186.11	中国	0.33
哈萨克斯坦	6	中国	138.98	也门	0.26	罗马尼亚	6	哈萨克斯坦	129.92	亚美尼亚	0.33

坦是"一带一路"沿线粮食贸易网络中的重要国家，他们的度中心性和中介中心性指数较高且较为稳定，在整个贸易网络中具有较大的影响力，同时在国家间的粮食贸易中发挥着重要的桥梁作用。③中东欧的罗马尼亚和匈牙利两个国家承担着重要的中介或看门人的角色，其度中心性虽然不高，在整个贸易网络中的影响力有限，但是中介中心性长期处于沿线国家前列，对于控制其他节点粮食贸易的潜在能力较强。④巴基斯坦在整个贸易网络中的影响力较为突出，其度中心性长期处于沿线国家前列，但是中介中心性动态变化频繁，在贸易网络中的桥梁作用较为有限。

随着时间演化，部分国家在"一带一路"沿线粮食贸易网络中的位置发生了显著变化。①东南亚国家的影响力逐步减小，其中泰国的度中心性由 2001 年的 14 持续减小至 2019 年的 7，其在沿线国家中的位次也由第 1 位衰落至第 7 位，同时，其中介中心性也由第 1 位跌至第 9 位。泰国贸易地位下降背后的原因是受到英拉政府执政时期推行的大米典押政策的影响，他们本想利用泰国大米的出口垄断地位抬高出口价以获得更高收益，结果国际大米市场迅速被其他粮食贸易大国占领，泰国大米丢失了大量的出口市场，致使泰国在粮食贸易中失去了中心地位。而越南的度中心性也由 2001 年的 7 波动减少至 2019 年的 5，贸易影响力逐步衰退。②土耳其的贸易中心性波动变化，2013年以后，贸易地位显著提高。它的度中心性由 2001 年的 4 减小至 2008 年的 2，2013 年以后迅速提升，至 2019 年达到 7，此时的中介中心性和特征向量中心性也均提升至 65 国的第 3 位，其在贸易网络中的影响力和连通性水平均显著增大，贸易桥梁作用日益增强。土耳其经历了 2000 年以后推行的"新自由主义"经济政策，经济发展水平显著提升，对进口粮食的规模和多样化需求不断增大。俄罗斯是土耳其最主要的粮食进口来源国，两国粮食贸易近年来的规模不断增大，2013 年两国粮食贸易流量达 9 亿美元，居"一带一路"沿线国家第四位，至 2019 年贸易额攀升至 16 亿美元，位序也提升至第一位，显著增强了土耳其的贸易中心地位。

6.5 "一带一路"粮食贸易核心–边缘演化

根据 Rossa 等提出的核心–边缘轮廓算法，本章计算获得了衡量"一带一路"沿线粮食贸易网络中核心–边缘结构极化效应的集中系数和体现节点在网络中地位和角色的核心度。2001～2019 年，"一带一路"沿线粮食贸易网络的集中系数由 0.79 波动增长至 0.84，表明在"一带一路"沿线的粮食贸易网络中具有显著的核心–边缘结构，部分节点国家在网络中占据重要地位，且随着时间演化，贸易网络内部核心城市的贸易集聚效应日益强化。图 6-3 是"一带一路"沿线国家粮食贸易核心–边缘结构的核心度对比图，从图中曲线可以看出，节点的位序达到 40 左右时节点的核心度才逐步呈现分化态势，图中曲线呈现翘首平尾的 "J"形状态，即高位序的节点核心度极高且数量偏少，而低位序的节点核心度普遍偏低且数量众多。随着时间演化，"J"形曲线的顶部部分节点呈现向外扩展的趋势，表明部分高位序的节点核心

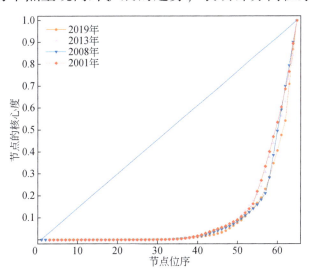

图 6-3 "一带一路"沿线国家在粮食贸易网络中的核心度和排名关系

度有所降低。

为了进一步解析"一带一路"沿线各国在粮食贸易网络中的核心–边缘位置特征，本章按照核心度将各国在网络中的地位划分为 4 个等级。其中，将核心度大于 0.3 的国家划分为核心结构，将核心度介于 0.1~0.3 的国家划分为次核心结构，将核心度介于 0.01~0.1 的国家划分为次边缘结构，将核心度小于 0.01 的国家划分为边缘结构（图 6-4）。

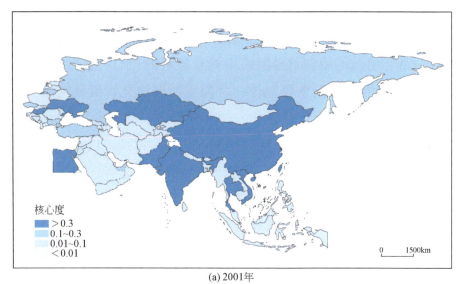

(a) 2001年

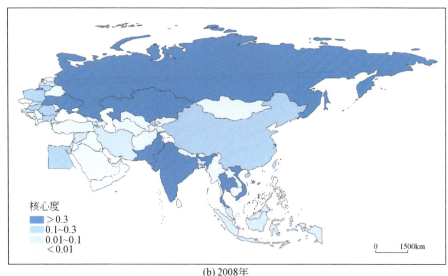

(b) 2008年

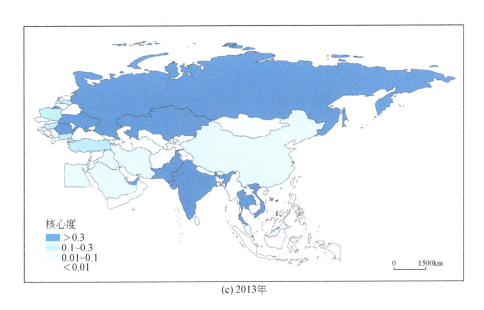

(c) 2013年

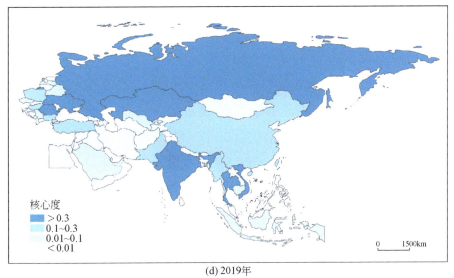

(d) 2019年

图6-4　粮食贸易网络核心–边缘演化

　　研究发现：①2001年以来，处于不同等级结构的节点数量变化不大，核心结构节点数波动减小，边缘结构节点数略有增长。位于核心结构的国家数量由2001年的9个波动减少至2019年的7个，次核心结构和次边缘结构的国家数量基本保持不变，而位于边缘结构的节点数由 37 个持续增长至 39 个。②乌克兰、哈萨克斯坦、印度、泰国和越南始终处于核心结构，是粮食贸易网络的出口核心。乌克兰是全球粮食出口大国，黑土广布，地形平坦开阔，商业谷物农业发达，是世界主要的小麦出口国。粮食生产是哈萨克斯坦农业部门的重要组成部分，哈萨克斯坦也是世界前 10 大小麦出口国。而印度、泰国和越南是世界主要的稻谷出口国。这些国家在贸易网络中控制着更多的关系与资源，对贸易网络关系的掌控能力较强。③俄罗斯的贸易地位不断强化，逐步成为贸易网络绝对的核心。它的核心度由 2001 年的 0.27，位居第 10 位，不断攀升至 2019 年的 1，核心度排序也攀升至第一位。俄罗斯自 2011 年底加入世界贸易组织后，粮食贸易规模不断增大，已经成为全球最大的小麦出口国。④中国的贸易地位呈现弱化态势，对外依赖程度有所降低。2001～2019 年，中国逐渐由核心结构滑落至次核心结构，核心度也由 0.47 减小至 0.23。中国是传统的粮食进口国家，近年来，中国的稻谷和小麦的自给率有所提高，进口粮食是为了调剂余缺，丰富国内粮食消费选择。⑤粮食进口为主的国家贸易地位普遍不高，多处于次边缘或边缘结构。其中，沙特阿拉伯、阿联酋、埃及、伊朗和印度尼西亚等国是"一带一路"主要的粮食进口国，但是由于这些国家粮食进口来源国相对集中且与主要粮食贸易国的贸易体量较大，与其他国家贸易往来较少，贸易联系相对单一，在贸易网络中处于边缘位置。

6.6 讨论及政策启示

6.6.1 对 Top 网络结构的认识

网络结构具有节点繁多性、连接多样性、结构复杂性、动态演化性等复杂系统的特征。采用适宜的研究方法,理清网络脉络,抽取骨干结构,识别内在秩序是充分认知网络世界、获取有效信息的关键途径,对于优化网络结构,提高网络性能,增强网络韧性具有重要意义。为了消除较小权重连接对于网络结构整体信息的遮罩,本章采用 Top 网络结构的思想,提取 "一带一路" 沿线国家粮食贸易网络的 Top2 结构,识别出前 2 位贸易伙伴国间的主干贸易网络,在错综复杂的贸易联系中清晰直观地展示了主要贸易联系的结构特征,各等级节点特性及其时空动态 (图 6-2)。研究发现,"一带一路" 倡议为粮食贸易的跨区域结网提供了便利,显著促进了沿线各国粮食贸易的相互依赖程度,俄罗斯、印度、乌克兰始终占据贸易网络的核心,中国的贸易地位呈现弱化态势,对外依赖程度有所降低。本章的研究发现不管是从全局、局部还是个别国家的网络动态视角均有效验证了以往研究基于 "一带一路" 完整的无向贸易网络的研究结论,同时本章基于 Top 网络 (图 6-2) 发现部分小体量国家的主要贸易对象处于动态演变进程中,说明从局部来看 "一带一路" 沿线粮食贸易市场并未形成固定的国家间粮食交易伙伴,粮食贸易竞争态势明显,这一研究发现有效弥补了完整贸易网络研究遮罩较小贸易体量国家贸易关系的不足。从整体上看,Top 网络结构通过最少的贸易联系展示出最多的贸易价值,而且呈现出对较小贸易体量国家的友好性,对于粮食贸易网络具有的全连通、高权重、结构复杂等特点,Top 网络识别方法具有很好的适用性和应用价值。

与全球范围内的粮食贸易网络研究 (Duan et al., 2021) 结论类似,"一带一路" 沿线国家的粮食贸易网络也具有显著的核心-边缘结构特征,但是两者的核心国家存在显著差异。"一带一路" 沿线国家粮食贸易网络中的核心国家为俄罗斯、印度和乌克兰,但这些国家在全球粮食贸易网络的研究中核心地位并不突出,取而代之的是美国、英国、法国和加拿大等国。这反映了国际贸易关系的空间尺度依存效应 (Jia and Zhen, 2021; Puma et al., 2015),即不同等级的网络核心具有全球尺度和区域尺度的差异化影响力。粮食贸易的地理邻近特性（Duan et al.，2021）在本章得到证实，同时区域合作关系和区域一体化程度深刻影响着国际贸易关系，尤其是粮食贸易（Duan et al.，2021）。保障特定地区的粮食安全，既需要有全球视野，更要重视特定地区所处的区域性合作关系，识别区域性产业链体系和主导区域性贸易网络的核心力量，进而能够更加精准和有效地构筑粮食安全保障体系和风险防控体系，增强区域性粮食安全韧性。

6.6.2 促进沿线地区粮食安全的启示

经济全球化和国际贸易自由化的深入发展，促进了国际粮食贸易和农业合作的广泛开展，在全球农业资源丰富地区和匮乏地区之间建立起重要纽带，为世界各国获得充足的粮食供应，满足不同人群获得多样化的食物和营养需求，促进国家的粮食安全提供了重要途径（Crist et al.，2017；Fusco et al.，2020；Poczta-Wajda et al.，2020；Wu et al.，2021）。粮食贸易网络中的权力分配和供应链的稳定性和韧性深刻影响着贸易流动与粮食安全之间的协调关系。在现实发展过程中，国家间通常由于粮食供需关系的差异呈现出显著的权力不对称性（Dithmer and Abdulai，2017）。粮食出口国具有参与贸易往来的自主性，在贸易网络中控制着更多的关系与资源，占据核心地位，而粮食进口依赖国由于对粮食的刚性需求，使其需要时刻防范影响粮食供应安全的风险，在贸易网络中处于被动地位。因此，粮食贸易网络中核心国家数量越少，地位越极化，贸易网络中的资源越集中，权力关系不对称性越强，网络韧性越弱，抗风险能力越差（Dudek et al.，2021）。本章对"一带一路"沿线国家粮食贸易网络的研究发现，随着时间演化，贸易核心由相对多元向着极化方向发展，粮食贸易网络被俄罗斯、印度和乌克兰等几个粮食出口的核心国家所控制，粮食进口为主的国家贸易地位普遍不高，多处于次边缘或边缘圈层。这一结论与 Wang 和 Dai（2021）对全球粮食贸易网络的研究结果类似，即无论是从全球范围来看，还是在"一带一路"沿线国家之间，贸易网络的权力关系不对称性均是显著存在的。而在这样核心处于极化状态的贸易网络结构中，核心国家一旦出现非稳定状态，如自然灾害、政治动荡、重大公共卫生事件，甚至爆发战争等影响粮食生产或出口的情况，都有可能影响整个贸易网络的粮食供应安全（Wang and Dai，2021；Puma et al.，2015）。

联合国制定的全球可持续发展议程将消除饥饿，实现粮食安全放在突出地位（Banik，2019；Dudek et al.，2021；Huan et al.，2021；Ville et al.，2019）。2019 年底开始暴发的新冠疫情引发全球经济衰退，导致全球粮食贸易萎缩，粮食价格已经处于历史高位。当前发生的俄乌战争将世界主要的两个粮食生产和出口大国带入泥淖。战争深刻影响着粮食的生产和出口，不仅会造成短期内粮食价格的大幅波动，还会影响长期的粮食产业布局，并通过粮食贸易，将危机扩散到更大范围的国家和人口。从"一带一路"粮食贸易网络来看，俄乌战争搅乱了两个处于最为核心的网络节点国家的稳定状态，有可能引发局部粮食产业链和供应链中断或者破裂，将给一些粮食进口依赖程度高的国家带来严重的粮食安全危机，增加整个贸易网络的脆弱性，区域性粮食不安全形势愈发严峻。

粮食安全是事关人类生存的根本性问题，各国命运休戚与共，确保全球和区域性粮食安全也是完全符合"一带一路"倡议所倡导的人类命运共同体的发展理念。为增强贸易网络抗风险能力，提高粮食贸易网络韧性，将"一带一路"沿线国家打造成为全球粮食贸易伙伴关系的典范和实现粮食安全的样板区和先行者。本研究认为，未来"一带一路"应在以下几个方面加强政策保障：①优化贸易网络结构，促进粮食贸易多元化发展。呼吁更多国家广泛深入地参与到"一带一路"粮食贸易网络中来，提高网络体系的丰盈程度。粮食进口依赖度高或集中程度较高的国家应适当扩大贸易伙伴关系范围，适度分散粮食供应来源。②增强各国粮食增产能力与粮食储备能力建设。从支持粮食生产逐渐朝着多方位支持粮食供应链全环节建设转变，强化粮食供应链建设，形成完整的供应链体系。③秉持包容合作的理念，共建区域粮食安全命运共同体。积极践行"一带一路"倡议引领的包容性全球化发展理念，呼吁粮食贸易大国进一步推行促进贸易畅通的政策和措施落地，呼吁各国间建立起不对粮食和化肥等农业原材料出口施加限制的多边承诺，提高区域性粮食贸易网络的结构连通性，加强国家间涉粮领域的特殊合作机制，建设紧密联系的命运共同体。④建立风险预测与评估机制，提高贸易网络抗风险能力和网络韧性。加强对"一带一路"沿线国家粮食贸易网络的研究工作，构建风险预测与研判评估模型，动态监测核心节点国家粮食生产与流通制度体系和区域政治、经济以及安全形势，预防与缓解突发情况对贸易网络体系的冲击。

6.7 主要结论

"一带一路"倡议对于促进区域贸易一体化发挥着重要的积极作用，而农业合作和粮食贸易自古以来就是丝绸之路沿线国家贸易合作的重点内容。基于"一带一路"沿线国家粮食贸易网络数据库，本章采用系统性的网络研究方法，考察了自 2001 年以来"一带一路"沿线国家间粮食贸易网络结构及其演化特征，量化了不同国家在不同时期的相对地位变化。研究结果表明：

"一带一路"沿线国家间的粮食贸易持续增长，由 2001 年的 38.09 亿美元增长至 2019 年的 285.08 亿美元，已经形成一个联系紧密、结构复杂的贸易网络。"一带一路"倡议显著促进了沿线国家的粮食贸易，各国间的贸易依赖程度不断加深，骨干连接进一步壮大。"一带一路"沿线粮食贸易的主干网络结构具有显著的地理邻近性。印度、俄罗斯和乌克兰是"一带一路"沿线国家最重要的粮食贸易伙伴和贸易网络的绝对中心,影响着贸易网络结构的稳定性。随着时间演化,部分国家的主要贸易对象处于动态演变进程中,说明"一带一路"沿线粮食贸易市场并未形成固定的国家间粮食交易伙伴,粮食贸易竞争态势明显。

"一带一路"沿线的粮食贸易网络具有显著的核心-边缘结构,且随着时间演化,贸易网络内部核心城市的贸易集聚效应日益强化。2001 年以来,"一带一路"沿线国家粮食贸易网络核心由相对多元向着极化方向发展,国家间因粮食供需关系呈现出显著的权力不对称,主要的粮食出口国长期处于核心地位,在贸易网络中控制着更多的关系与资源,而粮食进口为主的国家贸易地位普遍不高,多处于次边缘或边缘圈层。

由于 2019 年底暴发的新冠疫情严重地打乱了国际粮食贸易体系,为总结一般性规律,本研究仅开展了 2020 年以前的粮食贸易研究,未对 2020 年及其以后时段展开探讨。同时,当前的俄乌战争正在深刻冲击着国际粮食贸易体系,且战争仍在持续,现有的粮食贸易格局将经历较大程度的动态调整和重构,"一带一路"粮食贸易体系也将持续受到影响。在未来研究中,研究者一方面可以单独开展针对新冠疫情和俄乌战争等危机事件对全球和区域性粮食安全影响的评估研究,另一方面应加强模拟在俄乌战争等重大事件不同影响强度下的"一带一路"粮食贸易网络风险防控、危机管理和抗风险韧性评估等动态应对策略研究。

参 考 文 献

计启迪, 刘卫东, 陈伟, 等. 2021. 基于产业链的全球铜贸易网络结构研究. 地理科学, 41 (1): 44-54.

李天祥, 刘星宇, 王容博, 等. 2021. 2000—2019 年全球猪肉贸易格局演变及其对中国的启示——基于复杂贸易网络分析视角. 自然资源学报, 36 (6): 1557-1572.

刘志高, 王涛, 陈伟. 2019. 中国崛起与世界贸易网络演化: 1980—2018 年. 地理科学进展, 38 (10): 1596-1606.

孙致陆, 张德凤. 2021. 新形势下中国加强利用"一带一路"沿线国家粮食市场与资源研究. 农业现代化研究, 42 (5): 827-840.

王介勇, 戴纯, 周墨竹, 等. 2021. 全球粮食贸易网络格局及其影响因素. 自然资源学报, 36 (6): 1545-1556.

汪艺晗, 杨谨, 刘其芸, 等. 2021. "一带一路"国家粮食贸易下虚拟水和隐含能源流动. 资源科学, 43 (5): 974-986.

王祥, 强文丽, 牛叔文, 等. 2018. 全球农产品贸易网络及其演化分析. 自然资源学报, 33 (6): 940-953.

张超, 杨艳昭, 封志明, 等. 2021. "一带一路"沿线国家粮食消费时空格局. 自然资源学报, 36 (6): 1398-1412.

周墨竹, 王介勇. 2020. 基于复杂网络的全球稻米贸易格局演化及其启示. 自然资源学报, 35 (5): 1055-1067.

Arita S, Grant J, Sydow S, et al. 2020. Has global agricultural trade been resilient under coronavirus (COVID-19)? Findings from an econometric assessment of 2020. Food Policy, 107: 102204.

Banik D. 2019. Achieving food security in a sustainable development era. Food Ethics, 4: 117-121.

Blondelvd G. 2008. Fast unfolding of community hierarchies in large networks. Journal of Statistical Mechanics: Theory and Experiment, 10: 155-168.

Borgatti S P, Everett M G. 2000. Models of core/periphery structures. Social Networks, 21: 375-395.

Boyd J P, Fitzgerald W J, Beck R J. 2006. Computing core/periphery structures and permutation tests for social relations data. Social Networks, 28: 165-178.

Büyüksoy G D B, Çatıke A, Özdil K. 2022. Food Insecurity and Affecting Factors in Households with Children during the Covid-19 Pandemic: A Cross-Sectional Study. Disaster Medicine and Public Health Preparedness, 16 (6): 2528-2533.

Cai H, Song Y. 2016. The state's position in international agricultural commodity trade: A complex network. China Agricultural Economic Review, 8: 430-442.

Chen W. 2021. Delineating the spatial boundaries of megaregions in China: A city network perspective. Complexity, 2021: 2574025.

Chung M G, Kapsar K, Frank K A, et al. 2020. The spatial and temporal dynamics of global meat trade networks. Scientific Reports, 10: 1-10.

Crist E, Mora C, Engelman R. 2017. The interaction of human population, food production, and biodiversity protection. Science, 356: 260-264.

Da Silva M R, Ma H, Zeng A P. 2008. Centrality, network capacity, and modularity as parameters to analyze the core- periphery structure in metabolic networks. Proceedings of the IEEE, 96: 1411-1420.

Davis K F, D'Odorico P, Rulli M C. 2014. Moderating diets to feed the future. Earth's Future, 2: 559-565.

Della R F, Dercole F, Piccardi C. 2013. Profiling core- periphery network structure by random walkers. Scientific Reports, 3: 1-8.

Dithmer J, Abdulai A. 2017. Does trade openness contribute to food security? A dynamic panel analysis. Food Policy, 69: 218-230.

Duan J, Xu Y, Jiang H. 2021. Trade vulnerability assessment in the grain- importing countries: A case study of China. PLoS ONE, 16: e0257987.

Dudek H, Myszkowska- Ryciak J, Wojewódzka- Wiewiórska A. 2021. Profiles of food insecurity: similarities and differences across selected CEE countries. Energies, 14: 5070.

D'Odorico P, Carr J A, Laio F, et al. 2014. Feeding humanity through global food trade. Earth's Future, 2: 458-469.

Fair K R, Bauch C T, Anand M. 2017. Dynamics of the global wheat trade network and resilience to shocks. Scientific Reports, 7: 1-14.

Fusco G, Coluccia B, de Leo F. 2020. Effect of trade openness on food security in the EU: A dynamic panel analysis. International Journal of Environmental Research and Public Health, 17: 4311.

Ge J P, Wang X B, Guan Q. 2016. World rare earths trade network: Patterns, relations and role characteristics. Resources Policy, 50: 119-130.

Gephart J A, Pace M L. 2015. Structure and evolution of the global seafood trade network. Environmental Research Letters, 10: 125014.

Gutiérrez- Moya E, Adenso- Díaz B, Lozano S. 2021. Analysis and vulnerability of the international wheat trade network. Food Security, 13: 113-128.

Holme P. 2005. Core- periphery organization of complex networks. Physical Review E, 72: 046111.

Hou W, Liu H, Wang H, et al. 2018. Structure and patterns of the international rare earths trade: A complex network analysis. Resources Policy, 55: 133-142.

Huan Y, Liang T, Li H, et al. 2021. A systematic method for assessing progress of achieving sustainable development goals: A case study of 15 countries. Science of the Total Environment, 752: 141875.

Jia M, Zhen L. 2021. Analysis of food production and consumption based on the emergy method in Ka-zakhstan. Foods, 10: 1520.

Lee J. 2012. Network effects on international trade. Economics Letters, 116: 199-201.

Liu W, Michael D, Gao B. 2018. A discursive construction of the Belt and Road Initiative: From neo-liberal to inclusive globalization. Journal of Geographical Sciences, 28: 1199-1214.

Liu W, Michael D. 2016. Inclusive globalization: Unpacking China's belt and road initiative. Area Development and Policy, 1: 323-340.

Liu Z, Wang T, Sonn J, et al. 2018. The structure and evolution of trade relations between countries along the Belt and Road. Journal of Geographical Sciences, 28: 1233-1248.

Matkovski B, Zekić S, Dokić D, et al. 2021. Export competitiveness of agri-food sector during the EU integration process: Evidence from the Western Balkans. Foods, 11: 10.

Montolalu M H, Ekananda M, Dartanto T, et al. 2022. The analysis of trade liberalization and nutrition intake for improving food security across districts in Indonesia. Sustainability, 14: 3291.

Poczta-Wajda A, Sapa A, Stepień S, et al. 2020. Food insecurity among small-scale farmers in Poland. Agriculture, 10: 295.

Puma M J, Bose S, Chon S Y, et al. 2015. Assessing the evolving fragility of the global food system. Environmental Research Letters, 10: 024007.

Pyakuryal B, Roy D, Thapa Y B. 2010. Trade liberalization and food security in Nepal. Food Policy, 35: 20-31.

Rossa F D, Dercole F, Piccardi C. 2013. Profiling core-periphery network structure by random walkers. Scientific Reports, 3 (1): 1467.

Sartori M, Schiavo S. 2015. Connected we stand: A network perspective on trade and global food security. Food Policy, 57: 114-127.

Song Z, Che S, Yang Y. 2018. The trade network of the Belt and Road Initiative and its topological relationship to the global trade network. Journal of Geographical Sciences, 28: 1249-1262.

Sui G, Zou J, Wu S, et al. 2022. Comparative studies on trade and value-added trade along the "Belt and Road": A network analysis. Complexity, 7353462.

Ville A S, Po J Y T, Sen A, et al. 2019. Food security and the Food Insecurity Experience Scale (FIES): Ensuring progress by 2030. Food Security, 11: 483-491.

Wang J, Dai C. 2021. Evolution of global food trade patterns and its implications for food security based on complex network analysis. Foods, 10: 2657.

Wood S A, Smith M R, Fanzo J, et al. 2018. Trade and the equitability of global food nutrient distribution. Nature Sustainability, 1: 34-37.

Wu F, Guclu H. 2013. Global maize trade and food security: Implications from a social network model. Risk Analysis, 33: 2168-2178.

Wu F, Wang Y, Liu Y, et al. 2021. Simulated responses of global rice trade to variations in yield under climate change: Evidence from main rice-producing countries. Journal of Cleaner Production, 281: 124690.

Xue H, Wang L, Li C. 2022. Market integration and price dynamics under market shocks in european union internal and external cheese export markets. Foods, 11: 692.

Yu D, Hu S, Tong L, et al. 2022. Dynamics and determinants of the grain yield gap in major grain-producing areas: A case study in Hunan Province. China. Foods, 11: 1122.

Zhang Y, Zhang J H, Tian Q, et al. 2018. Virtual water trade of agricultural products: A new perspective to explore the Belt and Road. Science of the Total Environment, 622: 988-996.

第7章 "一带一路"能源贸易网络演化

作为支撑人类生存和发展的重要生产资料,能源是国民经济发展的命脉,在全球贸易体系中占据着重要地位。当前,由中国提出的"一带一路"倡议已经成为国际经济合作的新平台和框架,对全球能源贸易系统的格局重构产生深远影响。因此,开展"一带一路"能源贸易网络演化研究,对于科学认识"一带一路"能源贸易合作、促进能源资源在全球范围内的优化配置、推动全球可持续发展目标加速发展等具有重要意义。基于双边贸易数据的能源贸易网络,本章综合集成中心性、核心-边缘轮廓、骨干网络提取等分析算法,刻画自2001年以来"一带一路"能源贸易网络时空格局演化特征,剖析"一带一路"沿线国家在能源贸易网络中的层级结构,识别"一带一路"能源贸易网络中的核心-边缘结构以及骨干网络结构,最终提出促进"一带一路"能源安全发展的政策建议。

7.1 研究背景

作为支撑人类社会生存和发展的生产资料,能源在人类生产活动中扮演着关键且不可替代的作用。自近代工业革命以来,人类消耗能源资源的能力与日俱增。当前,能源已经成为世界各国国民经济的命脉,在对外贸易体系中占据重要的地位,也是各国或地区竞争的焦点和交往的筹码(Chen and Wu, 2017; Wu and Chen, 2017; Szulecki et al., 2016)。然而,在世界范围内,能源资源的分布是极不均匀的,具有极强的地理依附性。例如,煤炭资源集中分布于亚太、欧洲、俄罗斯和北美，石油资源富集于两大北纬石油带，天然气则多见于中东、欧洲和俄罗斯。世界各国在能源资源禀赋上的差异塑造了国际能源贸易的基础网络布局，并影响着能源资源在世界范围内的流动格局（Rubio and Folchi，2012；Geng et al.，2014）。在早期的国际能源贸易中，能源资源禀赋强国把握了较大话语权，甚至对能源资源贫瘠的国家起到了一定程度的制约作用。伴随着经济全球化逐步深入，国际劳动地域分工不断深化，世界各国或地区间的经济联系日益频繁，共同构成了世界贸易体系和全球生产网络（Chen et al.，2021）。在该背景下，作为基础的生产和生活资料，原油、煤炭和天然气等能源资源的跨国贸易流通更加频繁，逐步形成了全球能源贸易网络体系（Jiang et al.，2022）。世界范围内的国际能源贸易，在一定程度上调节了各国在能源生产和消费上的不均衡状况，促进了国家间的能源贸易合作和产业化分工；不过，能源分布的非均衡性也深刻地影响着全球经济的发展态势和可持续发展（Santika et al.，2019；Picciolo et al.，2017）。根据联合国可持续发展议程，"可持续发展目标七"（Sustainable Development Goal 7）旨在为确保所有人取得可负担、可靠的、永续的及现代化的能源服务。尽管近年来取得了加速进展，但到 2030 年普遍获得能源的可持续发展目标似乎不太可能实现，特别是新冠疫情产生的冲击（IEA，2021）。因此，开展能源贸易网络研究，对于科学认识世界各国能源产生、消费与供给格局，促进对能源资源优化配置、能源贸易政策调整、推动全球可持续发展目标实现等具有重要的研究意义。

能源贸易是国际贸易体系的重要组成部分，并具有越来越重要的战略地位。近年来，由于经济全球化进程的加快，学者们对于全球能源贸易网络的关注度不断提高，全球能源贸易网络已经成为热门的研究话题。特别是随着社会网络和复杂网络等技术方法的进步，借鉴网络分析方法在国际贸易网络领域的应用（Chen et al.，2022；Liu et al.，2018），学术界开始探索通过运用网络分析方法开展能源贸易网络研究，具体研究内容涵盖能源贸易网络的格局和演化特征（Gao et al.，2015）、地缘政治影响（Ji et al.，2014）及贸易系统的安全性和弹性（Berdysheva and Ikonnikova，2021；Ding et al.，2020）等多个主要方面。同时，分能源产品类型的贸易网络研究也获取较多关注，部分研究揭示了原油贸易网络的拓扑性及其与地缘政治的关系（Yang et al.，2015；Xie et al.，2021），发现天然气贸易网络具有幂律性与群簇性（Geng et al.，2014；Hao et al.，2016；Chen et al.，2016），辨识了煤炭贸易网络较强的异质性和方向性（Xu and Qin，2015；Chen et al.，2022）。

"一带一路"倡议是中国为推动经济全球化深入发展而提出的一种国际区域经济合作新模式，旨在构建开放、包容、平等、互惠的国际合作交流新平台，引领包容性全球化发展（Liu and Dunford，2016；Liu W et al.，2018；Liu Z et al.，2018）。作为国际贸易系统的重要内容，能源贸易合作同样是"一带一路"沿线国家间经贸合作的重要领域。根据《BP世界能源统计年鉴》，截至2015年底，"一带一路"沿线地区已探明石油储量9587亿桶，占全球总储量的56.4%。2015年，"一带一路"沿线地区能源投资规模达5946亿美元，占投资总额的40%，在沿线投资领域中排名第一。此外，"一带一路"沿线国家能源出口占全球份额近50%。受国际环境动荡和全球安全事件频发的影响，国际能源贸易格局正在发生结构性变化。全球化与区域化在能源贸易合作中的互动碰撞，导致国际贸易格局日益复杂多样（IEA，2021）。

在上述背景下，"一带一路"能源贸易网络逐步成为研究的热点所在，但仍存在着一些研究不足。首先，目前学术界关于"一带一路"能源贸易网络的研究主要以单一国家或单一能源类别为研究对象，相对缺乏从化石能源的总体贸易开展"一带一路"能源贸易网络的系统性研究。其次，当前"一带一路"能源贸易网络更侧重于格局特征（Zhang et al.，2019）、拓扑关系（Song et al.，2018；Wang et al.，

2019）和影响因素（Sun et al., 2021）等方面，缺少了从长时间序列对"一带一路"能源贸易网络结构性演化的深入探究。此外，中心性、密度等网络指标仍是当下"一带一路"能源贸易网络研究中的主要方法（Geng et al., 2014），对于网络科学领域前沿算法的借鉴和应用不足，未能对"一带一路"能源贸易网络结构连通性及其演化过程开展系统性研究。

因此，为弥补上述研究不足，本章基于联合国商品贸易统计数据库构建"一带一路"能源贸易网络，通过综合集成中心性、核心-边缘轮廓、骨干网络识别等分析算法，刻画"一带一路"能源贸易网络格局，剖析"一带一路"能源贸易网络的等级结构，进一步识别"一带一路"能源贸易网络中的核心-边缘结构和骨干结构，从而揭示"一带一路"能源贸易网络演化过程。上述研究结论将有助于深化对"一带一路"能源贸易网络结构性演化的科学认识，为促进世界能源结构调整、制定能源贸易政策、保障全球能源安全以及加强能源互联互通建设提供政策启示。

7.2 分析框架、方法与数据

7.2.1 分析框架

本章整合中心性、核心-边缘轮廓和视差滤波等网络分析算法，解析"一带一路"能源贸易网络结构特征及其演化。首先，构建"一带一路"沿线65国的能源贸易网络矩阵，对"一带一路"能源贸易网络的空间格局进行可视化，从地理视角揭示"一带一路"能源贸易网络的整体格局特征。其次，采用度中心性、中介中心性和特征向量中心性，测度"一带一路"能源贸易网络节点中心性的变化趋势。然后，利用核心-边缘轮廓算法展示"一带一路"能源贸易网络的核心和边缘结构。最后，通过视差滤波算法提取"一带一路"能源贸易骨干结构。基于上述分析框架，全面探究"一带一路"地区能源贸易网络的拓扑结构及其演化。

7.2.2 研究方法

（1）中心性

1）度中心性。

度中心性是指贸易网络中与某个特定节点建立的直接联系的节点数目，是刻画贸易节点与其他节点联系强度的指标。一般来说，度中心性越大，网络中与该节点建立的联系越多，该节点在网络中的地位越重要。

2）中介中心性。

中介中心度是衡量节点在贸易网络中的中介重要性。中介中心性越高，说明该节点在贸易网络中的桥梁作用越强，控制其他节点的潜在能力越强。在一个具有 N 个节点的网络中，节点 j 和 k 之间的最短路径会途经某些节点，如果节点 i 被许多最短路径经过，则表示该节点在网络中很重要。其重要性可以用中介中心性 $C_B(i)$ 来表示（Freeman et al., 1979），计算公式为

$$C_B(i) = \sum_{\substack{1 \leqslant j \leqslant k \leqslant N \\ s \neq j \neq k}} \frac{n_{jk}(i)}{n_{jk}} \tag{7-1}$$

式中，n_{jk} 为节点 j 和 k 之间最短路径的条数；$n_{jk}(i)$ 为节点 j 和 k 之间的最短路径经过的节点 i 的条数。

3）特征向量中心性。

一个节点在网络中的重要程度不仅取决于其自身的中心性，还与其邻近节点的数量和中心性有关。特征向量中心性以目标节点周围所连接节点的中心性来度量目标节点的中心性，是反映节点在贸易网络

中连通性的指标。具有高特征向量的节点意味着它已连接到许多本身具有高特征向量的节点。参考 Bonacich（2007）的研究，特征向量中心性是指：

$$AX = ZX \tag{7-2}$$

$$Z_i x_i = a_{1i} x_1 + a_{2i} x_2 + \cdots + a_{ti} x_t + \cdots + a_{ni} x_n (i \neq t) \tag{7-3}$$

$$C_{(e)i} = Z_i \tag{7-4}$$

式中，A 为由 a_{ij} 组成的一个 $n \times n$ 的邻接矩阵；$X = (x_1, x_2, x_3, \cdots, x_n)^\mathrm{T}$ 分别表示各节点的度数中心度；Z_i 为特征向量中心度值；a_{ij} 为节点 i 对节点 j 地位的贡献度；$C_{(e)i}$ 为节点 i 的特征向量中心度。

（2）核心-边缘轮廓

网络是由具有不同属性的节点和连边构成，核心-边缘结构（core-periphery structure）则是由网络中紧密联系的核心节点与稀疏联系的边缘节点所共同构成的一种网络存在形式（Boyd et al., 2006）。为了识别网络核心-边缘结构，虽然部分算法被提出，但大多数算法均无法处理加权网络。在此背景下，Rossa 等（2013）提出了核心-边缘轮廓算法（core-periphery profile），通过模拟随机游走的行为来刻画网络中的核心结构和边缘结构，并提供一种全局性的拓扑描述。

在一个具有理想核心-边缘结构的网络中，边缘节点通常只与核心节点相连接，而边缘节点之间却不存在连接。然而，在大多数真实网络中，核心-边缘结构并不总是理想形式的，即边缘节点之间也会有微弱联系（但不是绝对没有）。因此，需要对边缘节点的持续概率 α_p 做一般化定义，即最大的子网络具有 $\alpha_s \leq \alpha$。

基于上述对持续概率的逻辑推演，定义给定网络中的核心-边缘轮廓 $\alpha_k (k = 1, 2, \cdots, n)$，具体公式为

$$\alpha_k = \min_{h \in N \backslash P_{k-1}} \frac{\sum\limits_{i,j \in P_{k-1} \cup \{h\}} \pi_i m_{ij}}{\sum\limits_{i \in P_{k-1 \cup \{h\}}} \pi_i}$$

$$= \min_{h \in N \backslash P_{k-1}} \frac{\sum\limits_{i,j \in P_{k-1}} \pi_i m_{ij} + \sum\limits_{i \in P_{k-1}} (\pi_i m_{ih} + \pi_h m_{hi})}{\sum\limits_{i \in P_{k-1}} \pi_i + \pi_h} \tag{7-5}$$

式中，$N = \{1, 2, \cdots, n\}$ 为网络中的节点；k 为假设被选中的节点；$\pi > 0$，为访问某节点的渐进概率，即在该节点上所花费的时间步长分数；$m_{ij} = w_{ij} / \sum_h w_{ih}$，为在每个（离散的）时间步骤中，节点 i 随机游走至节点 j 的概率值。根据每一步持续概率的最小增量，逐次添加具有最小权重的节点，如果它不是唯一的，则在具有最小权重的节点中随机选择一个节点 h，具有最强联系的节点将在最后被添加，从而获取整体网络的核心-边缘结构。按照位序，获得集合 P_k 的连续概率序列 $0 = \alpha_1 \leqslant \alpha_2 \leqslant \cdots \leqslant \alpha_n = 1$。

作为上述算法的副产品，集中系数（centralization coefficient）和核心度（coreness）成为认识网络核心-边缘结构的重要工具。在核心-边缘结构中，集中系数主要反映的是网络结构的集中程度，核心节点分布越集中、数量越少，则该网络的集中系数越大。因此，集中系数 C 的表达式为

$$C = 1 - \frac{2}{n-2} \sum_{k=1}^{n-1} \alpha_k \tag{7-6}$$

当 $C = 1$ 时，网络只有单独一个节点；当 $C = 0$ 时，则网络为完全均衡分布。核心度越接近于 1，则表示该节点在网络中的位置和角色越重要；反之，则该节点越边缘化。

（3）视差滤波

与组团结构、核心-边缘结构类似，骨干结构也是网络中一种重要的中尺度结构。在网络中，骨干结构是一个稀疏的、（未）加权的子图，只包含该网络中最"重要"或"显著"的一些连边。当原始网络过于密集或连边权重难以解释时，提取网络的骨干结构对于理解网络结构非常有效。其中，视差滤波算法利用局部异质性和局部相关性，

能够在具有强无序性的加权网络中过滤出优势连接的骨干结构，并保留所有尺度上的结构特性和层次（Serrano et al., 2009）。因此，视差滤波算法大大减少了原始网络中边的数量，同时保留了几乎大部分的权重和很大一部分的节点。

为了评估网络中权重在局部尺度上不均衡的影响，对于每一个具有 k 个相连节点的节点 i，可得出计算函数

$$\omega_i(k) = kY_i(k) = k\sum_j p_{ij}^2 \tag{7-7}$$

式中，$Y_i(k)$ 为局部异质性的程度；p_{ij} 为节点 i 权重与其所有相邻节点 j 权重的比例。在完全同质性的情况下，当所有的连接均具有相同的节点强度时，$\omega_i(k)$ 等于 1，与 k 无关；而在完全异质性的情况下，当只有一个连接承载了节点的全部强度时，该函数为 $\omega_i(k) = k$。

零模型常被用来定义异常波动，并提供了在纯随机情况下某一节点的差异度量的期望值。对于变量值 x，其概率密度函数为

$$\rho(x)dx = (k-1)(1-x)^{k-2}dx \tag{7-8}$$

取决于所考虑的节点的度 k。

视差滤波算法通过识别每个节点的哪些连接应该在网络中被保留下来，提取骨干网络。零模型允许通过计算给定节点的每条边的概率 α_{ij}，即其归一化权重 p_{ij} 与零假设相一致来进行这种区分。统计学上相关的连边将是那些权重满足以下关系的边：

$$\alpha_{ij} = 1 - (k-1)\int_0^{p_{ij}} (1-x)^{k-2}dx < \alpha \tag{7-9}$$

需要注意的是，该表达式取决于所考虑的连边所连接的节点的连接数 k。

7.2.3 数据处理

国际能源数据来源于联合国商品贸易统计数据库（UN Comtrade database）。本章获取了原油、煤炭和天然气三类商品的数据进行分析，

HS 编码分别为 2709、2701 和 2711。为刻画能源贸易网络整体特征，本章将上述三种主要能源的国际贸易流数据进行了叠加，将其整合为"一带一路"能源网络。在对贸易网络数据集进行清洗和转换，并选取 2001 年、2008 年、2013 年和 2019 年作为代表性年份，以此表征"一带一路"能源贸易网络时空演变。

7.3 "一带一路" 能源贸易格局演化

基于联合国商品贸易数据库，本章构建了 2001～2019 年"一带一路" 65 个国家间的无向加权贸易网络，如图 7-1 所示。其中，节点大小为每个国家的能源贸易总量，连边的粗细代表国家间的能源贸易流量。从图 7-1 可知，"一带一路"沿线国家间的能源贸易网络连通性不断增强，形成了紧密联系、结构复杂、空间不均衡的能源贸易网络，贸易规模呈现出空间不均衡态势，等级结构特征明显。

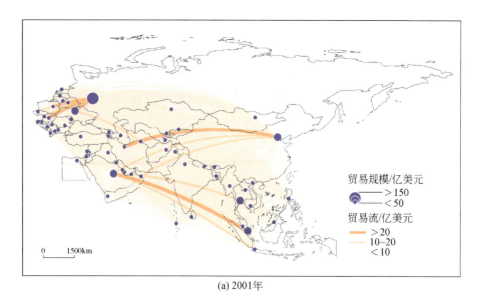

(a) 2001年

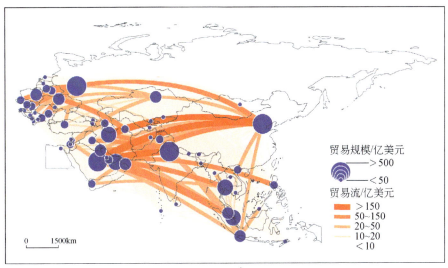

(b) 2008年

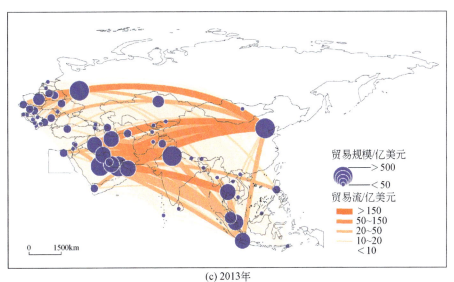

(c) 2013年

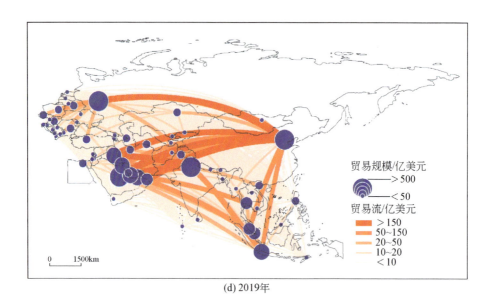

(d) 2019年

图 7-1　能源贸易网络格局

总体上，"一带一路"沿线国家间的能源贸易总量经历了先大幅增长后小幅回落的变化趋势，能源贸易正在逐步进入调整期。其中，2001～2013年，能源贸易总额从594.98亿美元增长至5430.14亿美元。在该增长期阶段，2001～2008年，"一带一路"能源贸易额呈快速增长态势，七年间共增长了3313.38亿美元。随着经济结构调整和能源贸易格局变化，国际能源贸易步入了平缓期，2008～2013年，能源贸易增长了1521.78亿美元，持续增长态势明显。然而，2013～2019年，"一带一路"能源贸易总量经历小幅度回落，由2013年的5430.14亿美元降低到2019年的4451.79亿美元，能源贸易额减少了约18%。从空间上看，虽然2013～2019年，"一带一路"能源贸易总量经历了降低的过程，但"一带一路"沿线国家间的能源贸易网络联系不断强化，骨干网络连接强度更加凸显，中低层网络结构持续完善，整体网络结构得到了进一步深化和发展。

从空间联系上看，"一带一路"沿线国家间的能源贸易联系不断强化，贸易流量的层级结构更加明显，流量的空间分布更加均衡。2001 年，"一带一路"沿线各国间的能源贸易额相对较小，贸易流量分布也比较均衡，俄罗斯与波兰形成的贸易联系是"一带一路"沿线国家间最大的贸易规模，达到 37.56 亿美元。2001 年之后，随着经济全球化的深入，世界各国对于能源需求的不断提高，能源贸易进入了快速增长阶段，"一带一路"沿线国家间的能源贸易额不断爬升，国家间贸易流量持续增大。2008～2019 年，中国和沙特阿拉伯建立的能源贸易联系一直是"一带一路"沿线国家间贸易规模最大的联系，贸易额从 2013 年开始维持在 400 亿美元以上。进一步可以发现，2008 年，超级进口大国开始注重扩大自己的贸易伙伴，进口多元化趋势显著，贸易网络的层级结构更加明显，中间层级的贸易联系规模也进一步增长。自"一带一路"倡议提出以来，沿线国家间的能源贸易网络密度不断增强、结构更加复杂。2013 年，国家间贸易流量超 200 亿美元的节点对有 4 个，包括中国与沙特阿拉伯、中国与俄罗斯、印度与沙特阿拉伯、印度与伊拉克；而到了 2019 年，中国与伊拉克也达到了该贸易规模。在能源贸易网络总体格局中，作为能源需求大国，中国与印度一直是"一带一路"能源贸易市场中最大的进口国，与其他能源出口国间的贸易联系仍持续加强。

在贸易总量上，"一带一路"沿线国家能源贸易规模分布呈现出空间不均衡态势，具有明显的极化特征，等级结构特征明显。2001～2019 年，贸易总额超过 10 亿美元的节点数由 27 个增长至 42 个，沿线各国的能源贸易总量不断提升。其中，俄罗斯、沙特、伊拉克、阿联酋是主要的能源出口国，而中国、印度、印度尼西亚为能源进口国。俄罗斯、中国和沙特阿拉伯的贸易规模远远领先其他国家，是"一带一路"能源贸易网络中的核心节点。自 2008 年开始，印度也跃居第一梯队的位置，7 年间贸易总额从 11.55 亿美元增长至 749.48 亿美元，实现了近 65 倍的增长。同时，"一带一路"沿线能源贸易集聚效应显著，首位节点的贸易额占比由 2001 年的 17.72% 增长至 2019 年的

21.88%，前五位节点的贸易额总和占比也由 63.32% 持续增长至 74.44%，说明能源贸易具有明显的极化特征。

7.4 "一带一路" 能源贸易等级结构演化

基于贸易规模空间分布，通过采用度中心性、中介中心性和特征向量中心性三个指标，本章进一步剖析了"一带一路"沿线各国在国际能源贸易中的层级结构特征。具体而言，本研究分别提取了 2001 年、2008 年、2013 年和 2019 年四个年份中心度指标位于前十的国家及其中心度数值，结果如表 7-1 所示。

从中心性指标上看，中国、俄罗斯、印度、阿联酋、沙特阿拉伯、哈萨克斯坦、印度尼西亚、泰国、乌克兰、马来西亚、波兰、阿曼等国长期位于"一带一路"能源贸易网络的中心位置，其中，中国、俄罗斯、印度、阿联酋和沙特阿拉伯是出现次数最多的排名前五位的国家。中国和俄罗斯在"一带一路"能源贸易网络中占据绝对的核心位置，近 20 年来，这两个国家在度中心性、中介中心性和特征向量中心性三类指标中均占据了前二的位置，在整个能源贸易网络结构中有着举足轻重的作用。其中，中国是网络中的最大能源进口国，而俄罗斯是最大的能源出口国。土耳其和哈萨克斯坦是"一带一路"能源贸易网络的重要组成部分，比较多年数据发现，这两个国家的度中心性和中介中心性均数值较大而年际变化小，直观地展现了它们在整个贸易网络中的重要性和与其他国家的连接性，在国际能源贸易中扮演着桥梁的角色。值得说明的是，印度与阿联酋虽然也有着较高的度中心性和中介中心性数值，位于沿线国家前列，但是其中介中心性值较不稳定且年际变化较大，表明了这两个国家在能源贸易网络中的桥梁作用有限。

从时序演化上看，中国和俄罗斯长期占据度中心性和中介中心性的前两位，其他国家在"一带一路"能源贸易网络中的位置均发生了

表7-1 "一带一路"能源贸易网络中心性指标

年	国家或地区	度中心性	国家或地区	中介中心性	国家或地区	特征向量中心性
2001年	中国	37	中国	384.45	俄罗斯	1
	俄罗斯	30	俄罗斯	220.79	波兰	0.57
	印度	26	印度	213.65	乌克兰	0.53
	阿联酋	26	阿联酋	197.53	匈牙利	0.30
	新加坡	24	哈萨克斯坦	91.78	白俄罗斯	0.29
	哈萨克斯坦	22	乌克兰	91.62	斯洛伐克	0.28
	泰国	22	土耳其	82.77	捷克	0.25
	乌克兰	21	新加坡	71.39	哈萨克斯坦	0.20
	土耳其	19	泰国	70.13	立陶宛	0.19
	马来西亚	19	伊朗	45.75	土耳其	0.16
2013年	中国	56	中国	425.93	中国	1
	俄罗斯	42	俄罗斯	160.59	沙特阿拉伯	0.92
	乌克兰	40	阿联酋	122.659	印度	0.72
	阿联酋	36	乌克兰	112.349	伊拉克	0.43
	哈萨克斯坦	35	哈萨克斯坦	109.22	俄罗斯	0.37
	土耳其	34	印度	100.629	阿联酋	0.32
	印度	32	土耳其	96.929	伊朗	0.29
	印度尼西亚	31	印度尼西亚	71.40	阿曼	0.28
	泰国	30	泰国	70.42	科威特	0.26
	马来西亚	25	马来西亚	36.40	卡塔尔	0.24
2008年	中国	49	中国	383.38	沙特阿拉伯	1
	俄罗斯	40	俄罗斯	220.71	中国	0.94
	印度	33	印度	198.51	印度	0.75
	乌克兰	32	乌克兰	113.91	伊朗	0.52
	哈萨克斯坦	30	印度尼西亚	104.01	新加坡	0.37
	阿联酋	28	哈萨克斯坦	74.19	阿联酋	0.34
	土耳其	28	泰国	67.98	俄罗斯	0.30
	泰国	27	土耳其	66.83	科威特	0.28
	印度尼西亚	26	阿联酋	57.12	泰国	0.27
	新加坡	25	埃及	56.19	阿曼	0.257
2019年	中国	56	中国	392.33	沙特阿拉伯	1
	俄罗斯	54	俄罗斯	296.00	中国	0.69
	阿联酋	38	阿联酋	117.51	俄罗斯	0.57
	印度	32	印度	90.65	伊拉克	0.44
	土耳其	31	土耳其	82.48	阿曼	0.44
	印度尼西亚	30	印度尼西亚	66.12	阿曼	0.24
	哈萨克斯坦	30	哈萨克斯坦	60.91	阿联酋	0.22
	波兰	28	埃及	42.74	科威特	0.19
	罗马尼亚	28	捷克	36.95	马来西亚	0.17
	埃及	26	波兰	35.32	印度尼西亚	0.15

不同程度的变化。而从 2008 年开始,沙特阿拉伯的特征向量中心性一直位于前两位,表明与沙特阿拉伯开展贸易联系较多的国家可能更多是网络中的核心节点,贸易联系主要集中于少数核心节点。阿联酋在能源贸易网络中的影响力稳步上升。作为能源禀赋大国,阿联酋在"一带一路"能源贸易网络中占据出口贸易的核心位置。其度中心性由 2001 年的 26 持续上升至 2019 年的 38,排名始终保持在前列,与其他国家保有较强的连接性。中介中心性和特征向量中心性位序呈现出波动变化,这表明阿联酋在整个网络中的桥梁作用和与核心节点连接程度是不稳定的。乌克兰在贸易网络中的中心性呈现先增后降的趋势,且变化程度较大,说明乌克兰在整个能源贸易网络中的地位有所下滑。在 2001～2013 年,乌克兰在整体贸易网络中的重要性凸显,其度中心性由 2001 年的 21 增至 2013 年的 40,在沿线国家中的位次也从第八逐步上升至第三,仅次于中国和俄罗斯。然而,虽然乌克兰本国境内能源储备丰富,但由于当前正在发生的俄乌危机和政局动荡,近年来乌克兰已经跌出了中心性排名的前十位。

7.5 "一带一路" 能源贸易核心-边缘演化

为解析"一带一路"能源贸易网络的极化效应,本研究采用 Rossa 等提出的核心-边缘轮廓算法,对"一带一路"沿线国家在能源贸易网络中的"核心度"进行定量测度,计算得到了集中系数和核心度。集中数据反映的是单一年份网络整体的集聚程度,而核心度用于体现节点在网络中的地位和角色。由图 7-2 可知,通过叠置四年曲线可以看出,节点核心度在节点位序为 35 附近时逐渐出现分化现象,节点核心度与位序呈正相关。

研究结果表明:2001～2019 年,"一带一路"能源贸易网络的集中系数经历了先增加后减少的变化过程。2001～2013 年,集中系数由 0.87 上升至 0.89,而到 2019 年又下降至 0.87,仍略高于 2001 年。总体上,集中系数呈上升趋势,也说明随着时间演化,"一带一路"沿线能源贸易网络中存在着显著的"核心–边缘"结构。一部分节点国家在网络中处于绝对的核心位置,而多数国家在网络结构中处于地缘位置。同时考虑到能源所具有的战略性与安全性需求,部分节点国家在追求贸易规模效应的同时,还注重能源进口的多元化和分散化,注重从多源头开展能源贸易合作,这一点通过2019年的集中系数可以印证。

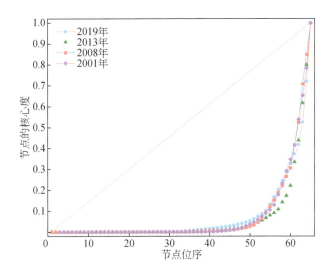

图7-2 "一带一路"沿线国家在能源贸易网络中的核心度和排名关系

为了剖析"一带一路"能源贸易网络中核心结构和边缘结构的位置特征,本研究按照核心度大小将沿线各国在网络中的位置划分为4个等级。其中,将核心度大于0.3的国家划分为核心结构,将核心度介于0.1~0.3的国家划分为次核心结构,将核心度介于0.01~0.1的国家划分为次边缘结构,将核心度小于0.01的国家划分为边缘结构,如图7-3所示。研究结果表明:

1)"一带一路"能源贸易网络中核心结构和边缘结构基本稳定,仅在少数年份发生一些细微变化。2001年以来,处于不同层级的节点数量变化较小,核心国家与次核心国家的数量基本保持不变。次边缘结构一直保持增长的趋势,从 2001 年的 9 个增加至 2019 年的 16 个。属于边缘国家的节点数量呈先增加后减少的变化趋势,由 43 个减少至 37 个。长期处于贸易网络"核心结构"的国家包括中国、印度、俄罗斯、阿联酋、沙特阿拉伯、印度尼西亚、卡塔尔、哈萨克斯坦、科威

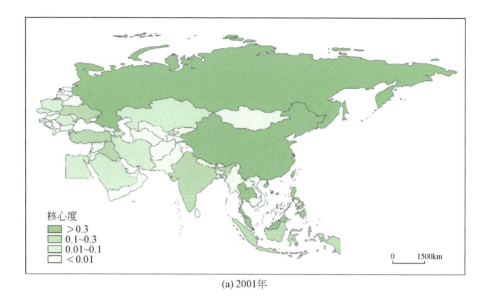

(a) 2001年

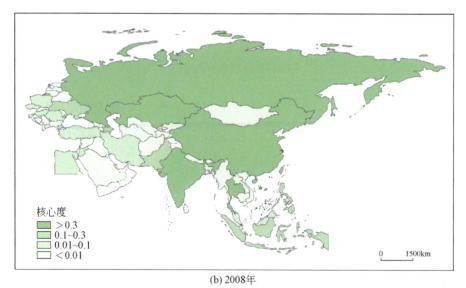

(b) 2008年

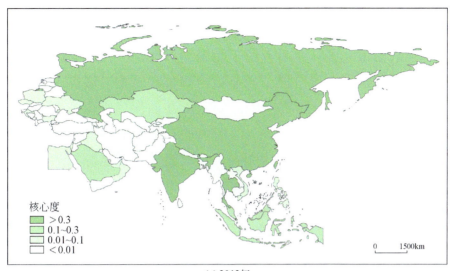

(c) 2013年

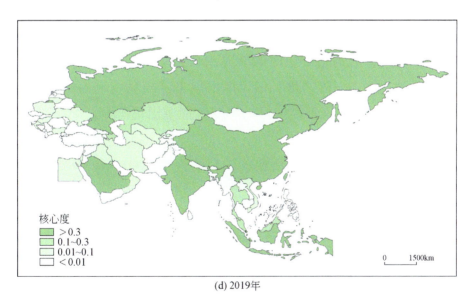

(d) 2019年

图 7-3　能源贸易核心-边缘演化

特、泰国、马来西亚、新加坡等国家，而长期处于贸易网络"边缘结
构"的国家主要包括孟加拉国、不丹、格鲁吉亚、柬埔寨、老挝、摩
尔多瓦、马尔代夫、缅甸、黑山、蒙古国、以色列、东帝汶和也门等

国家。

2）中国和俄罗斯是"一带一路"能源贸易网络中的核心国家，前者是能源需求大国，而后者属于能源出口大国。当前中国正处于快速工业化和城镇化发展阶段，产业结构调整和转型升级需求迫切，高能耗产业比重大，工业生产对能源的需求和消耗巨大。另外，虽然中国在煤炭储量方面有一定优势，但国内的石油和天然气生产显然不能满足人口、经济和产业带来的庞大需求。而俄罗斯能源矿产品储量巨大，产量丰富，是全球最大的能源资源出口国之一。因此，在"一带一路"能源贸易网络中，中国和俄罗斯是最具有影响力的核心节点，在贸易网络中占据绝对地位。

3）阿联酋在能源贸易网络中的地位不断提升，逐步成为贸易网络中的核心结构。在2001年，阿联酋的核心度仅为0.0060，属于边缘国家；而到了2013年，则增长为0.09，成为次边缘国家；到2019年，已攀升至0.42，成为第一层次的能源出口国家，位序仅次于中国、印度和俄罗斯。自"一带一路"倡议提出以来，阿联酋对沿线国家的能源出口量增加，是继俄罗斯之后的第二大能源出口国家。

4）新加坡在能源贸易中的地位不断下降，对其他国家的依赖程度逐渐下降。随着时间演化，新加坡的核心度由2001年的0.65减少至2013年的0.33，成为核心国家中的边缘地带，而到了2019年则进一步减少为0.01，滑落至次边缘国家。新加坡本土能源产量低，对能源进口依赖性大，但考虑到其人口和经济规模，其贸易规模上仍然相对较低。

5）中国和俄罗斯两国占据了大份额的能源进出口贸易市场，其他以能源出口为主的国家普遍处于整体贸易网络中的边缘位置，以边缘国家和次边缘国家为主。例如，伊朗、科威特、哈萨克斯坦、阿曼、伊拉克等国均是"一带一路"主要的能源出口国。这些能源出口国也主要与少数能源进口大国开展能源贸易，与其他国家贸易往来较少、贸易联系相对简单，在贸易网络中处于边缘位置。

7.6 "一带一路"能源贸易骨干网络演化

在复杂网络中，由于节点之间可能存在着不同权重的普遍的相互联系，在这种情况下，很多弱小的联系往往会对网络的骨干拓扑结构起到遮罩的作用。因此，在实践中，研究人员常常需要摒除网络中影响力较低的节点，保留网络的基本构成和信息要素，提取网络中的骨干结构信息，实现对支撑整个网络运行的骨干结构进行更深层次的规律挖掘。这里，本章进一步利用骨干提取算法（Neal et al., 2021；Serrano et al., 2009），对"一带一路"沿线国家间能源贸易的骨干结构进行提取，最终获取不同年份能源贸易网络中的骨干结构。具体结果如图 7-4 所示。

总体上，随着"一带一路"能源贸易网络不断完善、密度持续加深，网络中的骨干结构也不断壮大，骨干网络的数量和权重均有明显提升，形成了以能源出口大国和能源需求大国之间构成的能源贸易网

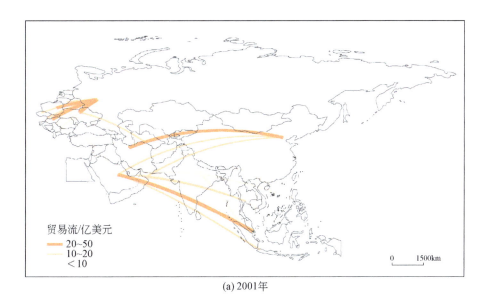

(a) 2001年

(b) 2008年

(c) 2013年

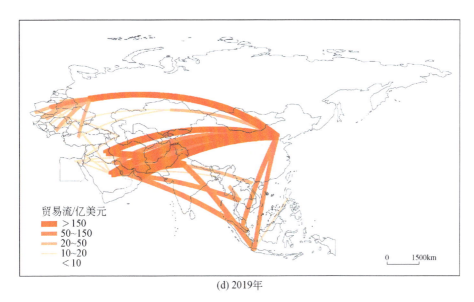

(d) 2019年

图 7-4   能源贸易骨干网络演化

络骨干结构。其中，俄罗斯、沙特阿拉伯、阿联酋、伊朗、科威特、哈萨克斯坦等国是主要的能源出口国，而中国、印度、新加坡、泰国、印度尼西亚、马来西亚、波兰等国是主要的进口国，这些主要出口国和主要进口国共同构成了"一带一路"能源贸易网络的骨干结构。

从骨干网络数量上看，"一带一路"能源贸易网络中属于主干结构的国家间贸易联系数量不断增加，说明更多的国家进入了整体网络运行的核心结构，能源贸易趋向多元化发展。2001 年，共有 52 个国家，56 条国家间贸易联系属于主干结构。俄罗斯与 22 个国家建立的贸易联系在网络中具有极为显著的重要位置，在主干结构中占比39.59%，起到绝对核心的作用。其中，俄罗斯作为出口国一方，占据17 条。2008 年，主干结构中的国家间贸易往来数量大幅度上升至 76条，印度在主干结构中的占比大幅度上升，从 2001 年的 3.57% 增长至11.84%，7 年间印度的能源出口合作国家数量逐渐增多。2013 年，随着"一带一路"倡议的提出，中国在能源贸易网络中凸显，与 2008 年比在主干结构中的占比上升了 8.16%，贸易联系由原来的 9 条增长至

16 条。作为进口大国，为了保障能源进口稳定，中国加强了与其他出口国家的能源合作，与多个国家建立了新的能源进口贸易合作关系。2019 年，进入主干结构的国家增长至 62 个，主干结构组成和结构更加丰富。

从贸易流量上看，"一带一路"能源贸易中的骨干结构有大幅度提升，中国、俄罗斯和沙特阿拉伯等国家逐渐成为"一带一路"能源贸易网络中骨干结构的核心。2001 年，"一带一路"能源贸易网络的骨干结构相对较少，主要体现在俄罗斯和中东欧地区、中国与中东地区以及东南亚部分国家与中东地区之间的能源贸易。其中，最大的能源贸易往来发生在俄罗斯与波兰之间，共为 37.55 万亿美元。俄罗斯一直是波兰最大的石油供应国，占据波兰能源市场的半壁江山。此外，乌克兰、匈牙利、白俄罗斯、斯洛伐克、捷克等国也与俄罗斯具有大量的能源贸易往来。与此同时，中国与伊朗、沙特阿拉伯、阿曼三个国家的贸易联系也形成非常重要的骨干网络结构。从 2008 年开始，"一带一路"能源贸易网络的骨干结构快速扩张，更多国家及其贸易联系不断融入并成为能源贸易网络中的骨干结构，中东地区和俄罗斯依然是最重要的能源出口国，而最大的能源进口国则由中国一直占据。随着中国社会经济快速发展，中国对于石油、天然气等能源资源的需求不断提高，中国成为"一带一路"能源贸易网络中最重要的购买方。其中，中国与沙特阿拉伯之间的贸易联系一直是骨干结构中贸易额最大的联系，分别为 261.62 亿美元、428.45 亿美元和 410.87 亿美元。

7.7 讨论及政策启示

作为现代文明和经济发展的重要物质基础，能源的生产、分配和利用已成为世界政治经济结构中不可缺少的组成部分。而能源贸易网络的形成和演化受到地理、历史、文化和政治等多因素的催化，能源安全成为攸关国家经济发展的重大战略要求。作为推动经济全球化深入发展而提出的一种新的国际经济合作模式,"一带一路"倡议致力于打造互利共赢的"利益共同体"和共同发展繁荣的"命运共同体",维护全球自由贸易体系和开放型世界经济的同时,更加倡导包容性发展。基于前述分析,本章认为,未来"一带一路"能源合作应在以下几个方面做出努力。

1)发挥国际机构的协调作用,构建国际能源合作新格局。能源是世界各国社会经济发展的基础要素,能源安全也是各国优先保障的领域。"一带一路"沿线各国应继续支持联合国与相关国际能源机构在国际能源合作和治理中发挥更为重要的作用,强化在国际能源贸易政策制定方面的协调作用,完善国际能源贸易体系的制度安排,推动能源贸易政策的实施和落地,促进能源投资便利化,加强能源互联互通建设水平。

2)优化贸易网络结构,提高贸易网络韧性。当前"一带一路"能源贸易网络呈现明显的"核心-边缘"结构,贸易网络存在着结构性失衡。因此,本研究呼吁加强"一带一路"能源合作领域的沟通机制,不断完善能源贸易网络、优化贸易网络结构,提高能源出口国和能源需求国在能源贸易中的匹配性和合作潜力,提高贸易网络的韧性和稳健性。推动对外能源依赖度高的国家和地区适度扩大贸易伙伴关系,提高能源进口的多元化渠道。

3)增强能源勘探、开采和储备能力,提高能源利用效率。通过网络中心性分析,本研究发现俄罗斯、沙特阿拉伯、阿联酋、伊朗、科威特、哈萨克斯坦等国是最为重要的能源出口国,中国、印度等国是主要进口国。考虑到能源生产、消费和供给存在的空间不匹配,本书仍呼吁能源生产国增强能源矿产品的勘探和开发能力,强化能源基础设施建设,提高能源供给能力。鼓励能源资源贫瘠的国家提高能源的储备能力,及时调整能源结构,增强对能源短缺和能源价格波动带来影响的应对策略。

4）探索可再生能源发展潜力，促进与传统能源形成互补关系。虽然"一带一路"能源贸易网络连通性不断提高、网络结构密度持续增大，但传统能源的发展势必要经历结构性调整。随着可再生能源的发展，能源贸易体系正在经历由单纯的油气贸易向可再生能源贸易转变，可再生能源贸易将与传统能源贸易相互补充。未来，应强化探索不同国家在可再生能源建设方面的发展基础、潜力和需求，提高可再生能源利用程度和效率，促进形成"一带一路"可再生能源贸易格局。

5）建立风险预测与预警机制，提高能源安全抗风险能力。通过"一带一路"能源贸易网络的空间结构、等级结构、核心-边缘结构和骨干网络结构，本章发现了当前能源贸易网络中存在着的核心节点、门户枢纽和骨干网络，这些骨干网络结构支撑着网络整体的运行。未来，应加强对"一带一路"沿线国家能源贸易格局与供应链体系的研究，进一步构建风险预测和评估模型，动态监测核心节点国家的能源生产、供应及其与地区政治经济格局变化与安全形势，提高应对重大危机事件和突发情况可能引起能源安全问题的处理能力。

7.8　主要结论

作为国民经济的命脉，能源在对外贸易中占据着重要地位。自"一带一路"倡议提出以来，能源贸易一直是沿线国家经贸合作的重点领域。基于此，通过综合集成中心性、核心-边缘轮廓、骨干网络提取等分析算法，刻画"一带一路"能源贸易网络格局，剖析"一带一路"能源贸易网络的等级结构，进一步识别"一带一路"能源贸易网络中的核心-边缘结构和骨干结构，从而揭示"一带一路"能源贸易网络演化过程。研究结论如下：

1）"一带一路"能源贸易网络连通性不断增强，形成了紧密联系、结构复杂、空间不均衡的能源贸易网络，贸易规模呈现出空间不均衡态势,等级结构特征明显。"一带一路"能源贸易总量经历了先大幅增长后小幅回落的变化趋势,能源贸易正在逐步进入调整期。从空间联系上看,"一带一路"能源贸易联系不断强化,贸易流量的层级结构更加明显、空间分布更加均衡。在贸易总量上,"一带一路"能源贸易规模分布呈现出空间不均衡态势,具有明显的极化特征。

2)从中心性指标上看,中国、俄罗斯、印度、阿联酋和沙特阿拉伯是出现次数最多的排名前五位的国家,其他国家的排名均有不同程度的变化。中国和俄罗斯在能源贸易网络中占据核心位置,对整体网络的稳定性有着重要影响。哈萨克斯坦、土耳其在网络中具有优越的连接性,起到了桥梁作用。此外,阿联酋和乌克兰在"一带一路"沿线国家能源贸易网络中的地位有所变化,前者的影响力一直稳步提升,后者却呈现颓势。

3)"一带一路"能源贸易网络中存在着显著的"核心-边缘"结构。一部分节点国家在网络中处于绝对的核心位置,而多数国家在网络结构中处于地缘位置。"一带一路"能源贸易网络中核心结构和边缘结构基本稳定,仅在少数年份发生一些细微变化。长期处于贸易网络"核心结构"的国家包括中国、印度、俄罗斯、阿联酋、沙特阿拉伯、印度尼西亚、卡塔尔、哈萨克斯坦、科威特、泰国、马来西亚、新加坡等国家,而长期处于贸易网络"边缘结构"的国家主要包括孟加拉国、不丹、格鲁吉亚、柬埔寨、老挝、摩尔多瓦、马尔代夫、缅甸、黑山、蒙古国、以色列、东帝汶和也门等国家。

4)随着"一带一路"能源贸易网络结构不断完善、密度持续加深,网络中的骨干结构也不断壮大,骨干网络的数量和权重均有明显提升,形成了以能源出口大国和能源需求大国之间构成的能源贸易网络骨干结构。其中,俄罗斯、沙特阿拉伯、阿联酋、伊朗、科威特、哈萨克斯坦等是主要的能源出口国,而中国、印度、新加坡、泰国、印度尼西亚、马来西亚、波兰等国是主要的能源进口国,这些出口国和进口国之间贸易联系共同构成了"一带一路"能源贸易网络的骨干结构。中国、俄罗斯和沙特阿拉伯等国家逐渐成为"一带一路"能源贸易骨干网络的绝对核心。

2019 年底开始暴发的新冠疫情严重地打乱了国际贸易体系。因此，为总结"一带一路"能源贸易网络的一般规律，本章将研究周期固定在 2001 年至 2019 年，未对 2020 年及其以后时段展开探讨。同时，当前的俄乌战争正在深刻影响着全球能源贸易体系和能源安全，能源贸易网络将进入重大调整期。因此，在未来的研究中，研究人员也将继续努力、开展针对重大危机影响下能源贸易体系调整与能源安全应对策略研究。

参 考 文 献

Berdysheva S，Ikonnikova S. 2021. The energy transition and shifts in fossil fuel use：The study of international energy trade and energy security dynamics. Energies，14：5396.

Bonacich P. 2007. Some unique properties of eigenvector centrality. Social Networks，29（4）：555-564.

Borgatti S P，Everett M G. 2000. Models of core/periphery structures. Social Networks，21（4）：375-395.

Boyd J P，Fitzgerald W J，Beck R J. 2006. Computing core/periphery structures and permutation tests for social relations data. Social Networks，28：165-178.

Chen G Q，Wu X F. 2017. Energy overview for globalized world economy：Source，supply chain and sink. Renewable and Sustainable Energy Reviews，69：735-749.

Chen W，Golubchikov O，Liu Z. 2021. Measuring polycentric structures of megaregions in China：Linking morphological and functional dimensions. Environment and Planning B：Urban Analytics and City Science，48：2272-2288.

Chen W，Zhang H. 2022. Characterizing the structural evolution of cereal trade networks in the belt and road regions：A network analysis approach. Foods，11：1468.

Chen W. 2021. Delineating the spatial boundaries of megaregions in China：A city network perspective. Complexity，2021：1-10.

Chen X，Tan Z，Li S. 2022. Study on the characteristics of international coal trade on complex network. Journal of Business Economics and Management，23（4）：1-25.

Chen Z，An H，Gao X，et al. 2016. Competition pattern of the global liquefied natural gas（LNG） trade by network analysis. Journal of Natural Gas Science and Engineering, 33: 769-776.

da Silva M R, Ma H, Zeng A. 2008. Centrality, network capacity, and modularity as parameters to analyze the core-periphery structure in metabolic networks. Proceedings of the IEEE, 96: 1411-1420.

Ding Y, Zhang M, Chen S, et al. 2020. Assessing the resilience of China's natural gas importation under network disruptions. Energy, 211: 118459.

Domagalski R, Neal Z P, Sagan B. 2021. Backbone: An R package for extracting the backbone of bipartite projections. PLoS ONE, 16: e0244363.

Freeman L C, Roeder D, Mulholland R R. 1979. Centrality in social networks: II. experimental results. Social Networks, 2 (2): 119-141.

Gao C, Sun M, Shen B. 2015. Features and evolution of international fossil energy trade relationships: A weighted multilayer network analysis. Applied Energy, 156: 542-554.

Geng J B, Ji Q, Fan Y. 2014. A dynamic analysis on global natural gas trade network. Applied Energy, 132: 23-33.

Hao X, An H, Qi H, et al. 2016. Evolution of the exergy flow network embodied in the global fossil energy trade: Based on complex network. Applied Energy, 162: 1515-1522.

Holme P. 2005. Core-periphery organization of complex networks. Physical Review E, 72: 046111.

IEA. 2021. Tracking SDG7: The Energy Progress Report, 2021, IEA, Paris. https://www.iea.org/reports/tracking-sdg7-the-energy-progress-report-2021 [2023-03-16].

Ji Q, Zhang H, Fan Y. 2014. Identification of global oil trade patterns: An empirical research based on complex network theory. Energy Conversion and Management, 85: 856-865.

Jiang X, Liu Q, Wang S. 2022. Exploring the complex structural evolution of global primary product trade network. Regional Sustainability, 3: 82-94.

Kitamura T, Managi S. 2017. Driving force and resistance: Network feature in oil trade. Applied Energy, 208: 361-375.

Liu W, Dunford M, Gao B. 2018. A discursive construction of the Belt and Road Initiative: From neo-liberal to inclusive globalization. Journal of Geographical Sciences, 28: 1199-1214.

Liu W, Dunford M. 2016. Inclusive globalization: Unpacking China's Belt and Road Initiative. Area Development and Policy, 1: 323-340.

Liu Z, Wang T, Sonn JW, et al. 2018. The structure and evolution of trade relations between countries along the Belt and Road. Journal of Geographical Sciences, 28: 1233-1248.

Neal Z P, Domagalski R, Sagan B. 2021. Comparing alternatives to the fixed degree sequence model for extracting the backbone of bipartite projections. Scientific Reports, 11: 23929.

Neal Z. 2014. The backbone of bipartite projections: Inferring relationships from co-authorship, co-sponsorship, co-attendance and other co-behaviors. Social Networks, 39: 84-97.

Picciolo F, Papandreou A, Hubacek K, et al. 2017. How crude oil prices shape the global division of labor. Applied Energy, 189: 753-761.

Rossa F D, Dercole F, Piccardi C. 2013. Profiling core-periphery network structure by random walkers. Scientific Reports, 3: 1467.

Rubio M d M, Folchi M. 2012. Will small energy consumers be faster in transition? Evidence from the early shift from coal to oil in Latin America. Energy Policy, 50: 50-61.

Santika W G, Anisuzzaman M, Bahri P A, et al. 2019. From goals to joules: A quantitative approach of interlinkages between energy and the Sustainable Development Goals. Energy Research & Social Science, 50: 201-214.

Serrano M Á, Boguñá M, Vespignani A. 2009. Extracting the multiscale backbone of complex weighted networks. Proceedings of the National Academy of Sciences of the United States of America, 106: 6483-6488.

Song Z, Che S, Yang Y. 2018. The trade network of the Belt and Road Initiative and its topological relationship to the global trade network. Journal of Geographical Sciences, 28: 1249-1262.

Sun Q, Gao X, Si J, et al. 2021. The evolution of the energy import dependence network and its influencing factions: Taking countries and regions along the Belt and Road as an example. Journal of Business Economics and Management, 23: 105-130.

Szulecki K, Fischer S, Gullberg A T, et al. 2016. Shaping the 'Energy Union': Between national positions and governance innovation in EU energy and climate policy. Climate Policy, 16: 548-567.

Wang W, Li Z, Cheng X. 2019. Evolution of the global coal trade network: A complex network analysis. Resources Policy, 62: 496-506.

Wu X F, Chen G Q. 2017. Global primary energy use associated with production, consumption and international trade. Energy Policy, 111: 85-94.

Xie W J, Wei N, Zhou W X. 2021. Evolving efficiency and robustness of the international oil trade network. Journal of Statistical Mechanics: Theory and Experiment, 2021: 103401.

Xu H, Qin J. 2015. The structure and nodes' role of the world coal trade network. Journal of Chinese Economic and Business Studies, 13: 33-49.

Yang Y, Poon J P H, Liu Y, et al. 2015. Small and flat worlds: A complex network analysis of international trade in crude oil. Energy, 93: 534-543.

Zhang C, Fu J, Pu Z. 2019. A study of the petroleum trade network of countries along "The Belt and Road Initiative". Journal of Cleaner Production, 222: 593-605.

第8章 "一带一路"服务贸易网络演化

当前全球价值链正在经历新一轮重构，服务贸易成为拉动世界经济增长的新引擎。开展"一带一路"服务贸易网络研究，对于深入理解"一带一路"经贸合作体系、探索"一带一路"可持续发展新路径具有重要意义。基于 OECD-WTO 服务贸易平衡数据集，本章综合运用多种复杂网络分析技术，从网络格局、组团集聚和骨干网络等维度揭示了"一带一路"服务贸易的网络结构及演化态势，并从贸易规模、网络中心性和网络拓扑关系等维度分析了"一带一路"服务贸易在全球格局中的角色及地位变化，以期能为理解"一带一路"服务贸易体系、拓展"一带一路"经贸合作新领域新方向提供有益参考。

8.1 研究背景

共建"一带一路"已经走过 10 余年发展历程，在日益紧密的经贸交流支撑下，"一带一路"为世界经济增长注入新动能，为全球发展和国际合作开辟新空间（Liu，2016；Mcnicol，2024）。贸易畅通是共建"一带一路"的重要内容，是推动沿线各国经济持续增长的重要动力（Liu et al.，2018）。当前，服务贸易正成为全球自由贸易的重点和经济竞争的核心领域，成为构建全球高水平开放和共同繁荣新格局的中坚力量（陈友余和宋怡佳，2023）。发展服务贸易是提升全球产业链和价值链地位的必然选择，也是抢抓新一轮开放型经济发展新机遇的必由之路（潘安和刘红，2022）。在此背景下，开展"一带一路"沿线国家服务贸易网络动态及其全球地位分析，不仅对于深化"一带一路"倡议引领的更广范围务实合作具有重要的理论指导意义，对于优化国际贸易结构、拓展贸易增长领域等"一带一路"高质量发展路径的探索也具有重要的实践参考价值。

国际贸易的蓬勃发展是过去半个多世纪经济全球化最为显著的特点之一（Liu et al.，2020）。密切的国际贸易交往为世界各国经济增长带来持久发展动力（Chen and Wang，2022）。伴随着全球产业结构的调整升级，全球生产网络日益扩展，国家间产业链和价值链深度融合，国际贸易分工不断细化，在全球范围内形成规模庞大、联系紧密、团组关系交织的复杂网络化特征（Liu and Dunford，2016；Song et al.，2018；Zheng et al.，2021），发达国家与发展中国家核心-边缘结构突出，经贸交流的全球化拓展与区域化集聚同步呈现（Liu et al.，2018）。在此背景下，"一带一路"倡议为沿线国家的贸易合作提供了全新平台，也为世界经济增长提供了更广阔的发展空间（Tian et al.，2019；Chen et al.，2023）。以"一带一路"国家为研究对象，学者们对商品贸易网络展开了较为深入的研究。随着近年来贸易结构与交易业态的拓展，相关学者逐步关注跨境电商、增加值贸易和服务贸易（Ayoub，2018）等，特别是以数字服务贸易等为代表的新产业新业态受到更多关注（牛华等，2020；陈友余和宋怡佳，2023）。随着当前网络科学领域不断进步和发展，网络分析技术方法为更加精准地开展更深层次贸易网络结构探究提供了有力的研究工具（Blondel et al.，2008；钮潇雨等，2023）。

现有研究无论是在贸易网络研究议题还是网络分析方法层面均开展了富有成效的探索，为深化贸易网络结构动态的认知提供了有益参考。但综合现有研究来看，本章认为还存在以下有待完善之处：①作为具有深远意义的国际合作平台，"一带一路"沿线地区贸易合作成为重要的研究热点，但相关研究多集中在商品贸易，鲜有针对服务贸易的系统性探究，而服务贸易日益成为世界经济增长的新引擎。②以往"一带一路"贸易网络研究多关注沿线地区内部结构，相对忽视

"一带一路"的全球角色和地位演化,而明确"一带一路"在全球贸易网络中的地位将为深入理解"一带一路"与全球经济体系的关系、深化"一带一路"重点合作方向提供政策启示。③以往贸易网络研究侧重于刻画贸易格局及影响因素,对于网络分析领域前沿算法的借鉴和应用相对滞后。随着网络分析领域不断进步,更多具有针对性的前沿算法被创造,而这些算法的应用有利于更精准地探索贸易网络结构特征。

综上,本章以服务贸易为研究对象,构建"一带一路"服务贸易网络,综合集成组团识别、骨干提取、网络中心性和弦图等分析方法,从网络格局、组团集聚和骨干结构等维度揭示"一带一路"服务贸易网络的结构连通性,在此基础上,从多维度剖析"一带一路"服务贸易在全球贸易格局中的角色及地位变化,以期为深度辨识"一带一路"服务贸易体系和探索"一带一路"经贸合作新领域、新方向提供科学参考。

8.2　研究方法与数据处理

8.2.1　数据处理

本章以服务贸易为研究对象,相关数据主要来自经济合作与发展组织–世界贸易组织平衡服务贸易(OECD- WTO Balanced Trade in Services)数据集。经济合作与发展组织–世界贸易组织平衡服务贸易(BaTIS)数据集是一个完整、一致和平衡的国际服务贸易统计(ITSS)矩阵,涵盖了 202 个报告方和合作伙伴的年度双边数据,按《2010 年国际收支统计手册》的 12 个主要服务类别进行了细分,提供了各类服务贸易的进口国、出口国、贸易额、贸易流向和年份等信息。考虑到本章的关注重点是"一带一路"地区整体服务贸易网络以及文章的篇幅限制，本章以整体服务贸易额为关注对象。结合数据可获得性及完整性，选择 2006 年为研究起点，以 5 年为时间间隔，选取了 2006 年、2011 年、2016 年和 2021 年四个典型年份，兼顾了 "一带一路" 倡议提出前后服务贸易变化特征的对比。由于参与 "一带一路" 的相关国家数量处于动态演变过程中，考虑到学术研究的延续性和可比性，本章参照以往研究（刘卫东，2015；Zhang et al.，2019），选择古丝绸之路沿线的 65 个国家为研究对象。

8.2.2　研究方法

（1）组团识别

作为网络科学中的核心议题，组团识别（community detection）是指将一个网络划分为若干个子集，每个组团内部节点间的联系紧密，而组团与组团之间的联系却相对稀疏（陈伟等，2017；姚星等，2019）。其中，模块度是最著名的衡量方法之一。模块度通过最大化组团中实际边数（或总权重）与预期边数之间的差异，来衡量网络划分的效果。随后，不少模块度优化算法陆续被提出，其中，Louvain 算法成为当前最流行的测度算法之一（Blondel et al.，2008）。

然而，由于 Louvain 算法在迭代过程中容易产生连接较弱甚至不连接的组团结构（Traag et al.，2019），Leiden 算法随后被创造出用以弥补 Louvain 算法存在的该缺陷（Traag et al.，2019）。Leiden 算法利用了加快节点局部移动、将节点移动到随机邻居的思想，从而保证组团以更高的模块度和更高的计算效率紧密连接。Leiden 算法包括三个阶段：①局部节点移动；②组团划分的修正；③基于修正的网络聚合。

具体地，Leiden 算法是通过迭代运算收敛到一个分组，其中所有组团的所有子集都保证是局部最优分配的。假定 $G = (V, E)$ 是一个图，具有 $n = |V|$ 的节点和 $m = |E|$ 的边。分组 $P = \{C_1, \cdots, C_r\}$ 由 $r =$

$|P|$ 组团组成,其中每个组团 $C_i \subseteq V$ 由一组节点和一组 S 构成组团 C。Leiden 算法部分依赖于算法的随机性。在该定义中,P 是图 $G = (V, E)$ 的一个统一分区。对于一组节点 $S \subseteq C \in P$,组团区中的节点子集总是与组团的其他部分相连,其密度至少为 γ。其公式表示为

$$E(S, C\text{-}S) \geqslant \gamma \parallel S \parallel \cdot \parallel C\text{-}S \parallel \qquad (8\text{-}1)$$

在该算法中,γ-分割性和 γ-连通性这两个属性在每次迭代中均得到优化。

(2) 视差滤波

在网络中,骨干结构是一个稀疏的、(未)加权的子图,只包含该网络中最"重要"或"显著"的一些连边。当原始网络过于密集或连边权重难以解释时,提取网络的骨干结构对于理解网络结构非常有效。其中,视差滤波算法利用局部异质性和局部相关性,能够在具有强无序性的加权网络中过滤出优势连接的骨干结构,并保留所有尺度上的结构特性和层次(Serrano et al.,2009)。因此,视差滤波算法大大减少了原始网络中边的数量,同时保留了几乎大部分的权重和很大一部分的节点。

为了评估网络中权重在局部尺度上不均衡的影响,对于每一个具有 k 个相连节点的节点 i,可得出计算函数:

$$\omega_i(k) = kY_i(k) = k \sum_j p_{ij}^2 \qquad (8\text{-}2)$$

式中,$Y_i(k)$ 为局部异质性的程度;p_{ij} 为节点 i 权重与其所有相邻节点 j 权重的比例。在完全同质性的情况下,当所有的连接均具有相同的节点强度时,$\omega_i(k)$ 等于 1,与 k 无关;而在完全异质性的情况下,当只有一个连接承载了节点的全部强度时,该函数为 $\omega_i(k) = k$。

零模型常被用来定义异常波动,并提供了在纯随机情况下某一节点的差异度量的期望值。对于变量值 x,其概率密度函数为

$$\rho(x)\mathrm{d}x = (k-1)(1-x)^{k-2}\mathrm{d}x \qquad (8\text{-}3)$$

取决于所考虑的节点的度 k。

视差滤波算法通过识别每个节点的哪些连接应该在网络中被保留下来，提取骨干网络。零模型允许通过计算给定节点的每条边的概率 α_{ij}，即其归一化权重 p_{ij} 与零假设相一致来进行这种区分。统计学上相关的连边将是那些权重满足以下关系的边：

$$\alpha_{ij} = 1 - (k - 1) \int_0^{p_{ij}} (1 - x)^{k-2} \mathrm{d}x < \alpha \tag{8-4}$$

需要注意的是，该表达式取决于所考虑的连边所连接的节点的连接数 k。

(3) 网络中心性

中心性是衡量网络中节点权力的量化指标，表征节点的位置和角色，体现网络拓扑的微观特征。本章选择加权度中心性和 PageRank 中心性来表征各国在"一带一路"服务贸易网络中的地位和角色。其中，加权度中心性是对网络中节点重要性的度量，定义为节点间边的权重之和。与度中心性不同，加权度中心性将连边的权重纳入考察范围，兼顾了节点间的共现频次，对节点重要性的评估更加全面。节点 i 和 j 之间的权重为两者之间的加权出度和加权入度之和，节点 i 的加权度中心性计算公式为（Barrat et al.，2004）

$$C_{WD}(i) = \sum_{j \in N(i), j \neq i} w_{ij} \tag{8-5}$$

式中，$N(i)$ 为节点 i 的相邻节点子集；w_{ij} 为节点 i 和节点 j 之间的连边权重。

PageRank 中心性适用于有向网络，是特征向量中心性的一种变体。PageRank 中心性认为，如果中心度高的节点指向大量节点，那么该节点的中心度就会被稀释，即从网络中的相邻节点获得的中心性与相邻节点的中心性除以它们的出度成正比。在本章中，PageRank 中心性被用于衡量"一带一路"服务贸易网络中每个国家（地区）的重要程度和潜在控制能力，其计算公式为（Newman，2010）

$$x_i = \alpha \sum_j A_{ij} \frac{x_j}{k_j^{\mathrm{out}}} + \beta \qquad (8\text{-}6)$$

式中，α 和 β 为正常数；A_{ij} 为邻接矩阵中的元素；x_j 为与 i 相邻的节点 j 的中心性；k_j^{out} 为节点 j 的出度。

8.3 "一带一路"服务贸易网络格局演化

本章以"一带一路"沿线国家为节点，以各国间服务贸易总额为连边的权重，构建 2006～2021 年"一带一路"沿线国家间完整的无向加权服务贸易网络（图 8-1）。随时间演化，"一带一路"服务贸易网络联系日益紧密，密度持续增长，规模不断提升，逐步形成了具有显著的层级结构、极核突出、空间非均衡分布的网络格局。

从服务贸易总量来看：①服务贸易体量持续增长，贸易增幅波动回升。"一带一路"服务贸易总量由 2006 年的 1722.98 亿美元持续增长至 2021 年的 4585.21 亿美元，以 5 年间隔的增幅由 1438.32 亿美元减少至 506.41 亿美元进而波动回升至 917.62 亿美元，说明 2008 年的

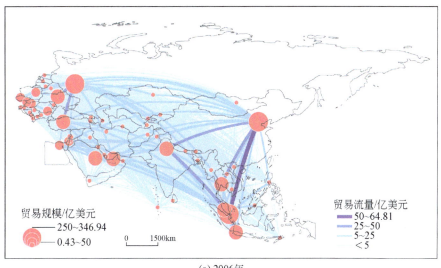

(a) 2006年

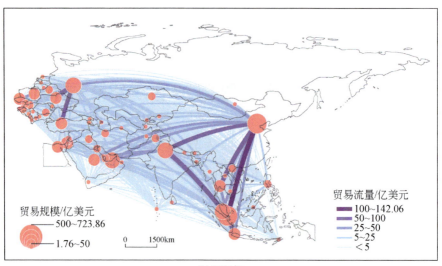

(b) 2011年

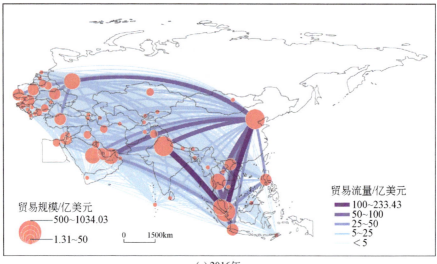

(c) 2016年

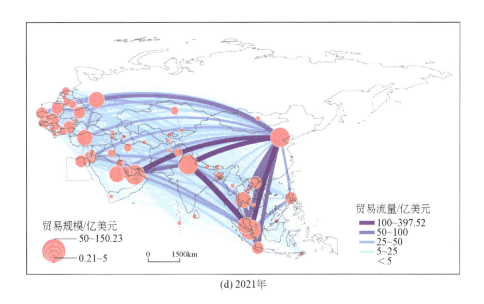

(d) 2021年

图 8-1 服务贸易网络格局演化

金融危机在普遍影响全球货物贸易的同时，服务贸易呈现复苏发展态势、正逐步走出金融危机等冲击。另外，随着"一带一路"倡议的推进，相关国家间的经贸联系日益密切，且区域内大国逐渐摆脱金融危机的影响，对外服务贸易联系日益强化。②服务贸易网络节点的多极格局相对稳定，极化程度日益增强。在研究期内，"一带一路"服务贸易额位居前五位的国家次序虽略有变化，但总体格局稳定为中国、新加坡、印度、俄罗斯和阿联酋五国，前五位国家的贸易额占比由38.8%持续增长至48.49%。其中，中国的贸易份额和占比增长最为显著，自2011年超越新加坡成为"一带一路"服务贸易第一大国后地位长期稳固。③服务贸易规模的空间集中态势显著，除重点大国外，东南亚和西亚地区为核心集中区。东南亚的新加坡、马来西亚和泰国以及西亚的阿联酋、土耳其和沙特阿拉伯的贸易规模稳居"一带一路"沿线国家前列，东南亚因其优越的地理区位和开放的贸易政策，成为理想的转口贸易和服务贸易发展对象，而西亚国家与中国保持密切的贸易往来，随着中国经济的崛起，与中国之间的贸易需求和服务贸易规模也持续增长。

从服务贸易流量来看：①服务贸易大国间的联系紧密且日益强化，最大流量会经历动态演化。贸易网络中流量占比居前 20 位的节点对围绕中国、新加坡、俄罗斯、印度、泰国、马来西亚和阿联酋等贸易大国建立且贸易流量不断增大，2006 年的贸易网络中节点间最大贸易流量是由新加坡和马来西亚建立的，说明在初期两国的地理距离和地缘关系邻近性深刻影响着其服务贸易往来。随后，中国取代了马来西亚，其与新加坡建立的贸易联系长期成为网络中最大的贸易流量对，且贸易额从 2011 年的 142.06 亿美元持续增长至 2021 年的 397.52 亿美元。受中国经济逐步崛起和新加坡外贸驱动型经济发展模式的影响，近些年两国经贸往来日益密切，特别是服务贸易互补性不断提升，中国已是新加坡的第一大贸易伙伴，新加坡是中国第一大新增外资来源国和主要境外投资目的国。②作为核心节点，中国在服务贸易网络中的主导地位不断提升。在贸易流量居前 20 位的关系对中，涉及与中国的贸易连接数由 2006 年的 7 对持续增长至 2021 年的 10 对；15 年间与中国相关的贸易额占整个贸易网络的比重由 18.5% 持续增长至 32.76%，基本形成了以中国为核心的"一带一路"服务贸易网络骨架。③贸易网络结构持续优化，骨干网络流量不断增长的同时，中低层级网络结构也呈现梯级跃迁态势。在 15 年间，贸易额居前 20 位的贸易对占整个贸易网络的比例由 32.47% 持续增长至 38.55%，贸易额超过 1 亿美元的关系对数量由 2006 年的 296 个持续增长至 2021 年的 467 个，骨干网络和中低层级网络推动整个贸易网络结构不断发展。

8.4 "一带一路"服务贸易网络组团结构

为剖析服务贸易网络的拓扑结构，识别服务贸易的区域关联结构，本章采用 Leiden 算法对"一带一路"服务贸易网络进行组团识别（图 8-2）。从计算结果上看，四个年份的模块度分别为 0.45、0.39、0.39

和 0.35，均超过 0.3，说明所选年份的组团识别结果具有良好的稳健性。在经济全球化深入发展、"一带一路"倡议快速推进和区域一体化深度融合等背景下，"一带一路"沿线国家的服务贸易网络形成了较为明显的组团结构特征，且随时间演化呈现动态演化趋势。

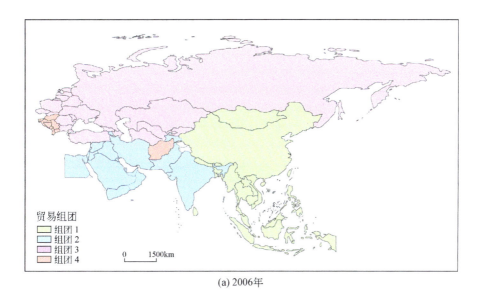

(a) 2006年

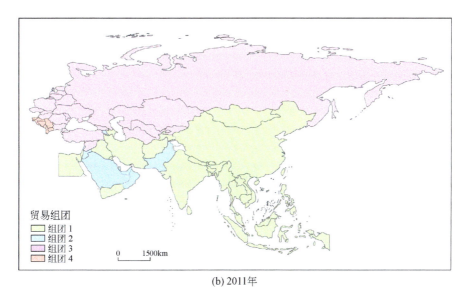

(b) 2011年

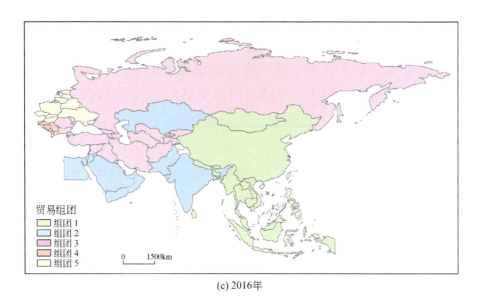

(c) 2016年

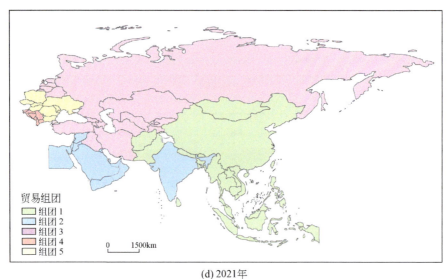

(d) 2021年

图 8-2　服务贸易网络组团结构

2006 年，"一带一路"服务贸易网络形成了中国-东南亚、俄罗斯-中亚-中东欧、南亚-中东、阿富汗-南欧 4 个贸易组团，组团结构基本呈现地理邻近和地缘相亲的空间格局。其中，中国-东南亚组团由中国、蒙古国、不丹及东南亚 15 国等共计 18 个国家组成，是贸易网络中体量最大的组团，贸易额占比达到 34.69%，组团内国家以中国和新加坡为双核心形成紧密联系的网络格局，以东盟为主体的组团内国家与中国在地理、历史、文化等方面具有明显的邻近性。以俄罗斯为核心的俄罗斯-中亚-中东欧组团主要由苏联加盟共和国共计 19 个国家组成，贸易额占比达到 30.85%，该组团内部各国地缘相近、历史同宗、产业结构互补且与俄罗斯经贸交往密切，组团结构紧凑。以印度为核心的南亚-中东组团也涉及 19 个国家，组团内国家间虽地理邻近，能源资源丰富，但存在产业结构单一和同质化现象，组团结构的稳定性相对较弱。阿富汗-南欧组团包括 9 个国家，这一组团内部的阿富汗与南欧各国空间分离且距离较远，分析原因发现，受地缘环境和产业结构互补性影响，阿富汗与该贸易组团的核心匈牙利建立起紧密的服务贸易往来，两者贸易额占阿富汗贸易总额的比例达到 21.53%，远超其与中国和印度等地域邻近大国的贸易份额。

至 2011 年，"一带一路" 服务贸易网络组团数量不变，组团结构经历动态调整。最为显著的变化是中国-东南亚组团的格局进一步扩张，大幅覆盖南亚-中东组团的国家和其他组团的部分国家。中国-东南亚组团的国家数量由原来的 18 个增长至 29 个，贸易额占比大幅提升至 53.54%，组团集聚态势愈发显著，不仅吸纳了南亚-中东组团的核心国家印度，而且也将中亚的塔吉克斯坦以及地理距离偏远的埃及和也门纳入组团范围。出现这一动荡变化的原因在于，2008 年的金融危机席卷全球，各国经贸发展遭受重创，但中国凭借及时有效的宏观调控措施和广阔的国内市场，率先从危机中走向经济复苏，并通过一揽子刺激计划加快经济恢复，成为不确定国际经济环境中世界经济发展的重要引擎。相关国家与中国的服务贸易交往显著增强，融入中国-东南亚贸易组团的层次不断深化。俄罗斯-中亚-中东欧组团的国家数量增长了 1 个，结构相对稳定，说明产业结构的互补性对于贸易关系的强化具有良好的耦合作用。南亚-中东组团的国家数量减少至 9 个，阿富汗脱离其原隶属的组团，南欧仅剩 7 个国家形成组团。

随着全球经济复苏及"一带一路"倡议的推进，经济全球化与区域一体化的力量并存，"一带一路"服务贸易网络呈现多元化组团格局。至 2016 年组团数量扩展至 5 个，以白俄罗斯、匈牙利、乌克兰等为代表的 9 个中东欧国家逐步脱离原有的俄罗斯-中亚-中东欧组团，衍生出了新的中东欧组团，新组团的出现是欧盟经济一体化不断深化在"一带一路"国家范围内的具体体现。此时，中国-东南亚组团恢复至原来的 18 个国家，原有的俄罗斯-中亚-中东欧组团缩减为包含 16 个国家的俄罗斯-中亚组团，印度回归南亚-中东组团，其国家数量恢复至 15 个，南欧组团依然由 7 个国家组成，格局未发生变化。从整体上看，国际经济形势回暖，服务贸易的全球化发展趋势和重要性愈发凸显，呈现碎片化和区域化特征，具有地缘、距离和制度邻近性的国家间逐步形成稳定的贸易组团。

在 2020 年全球新冠疫情大流行等外部环境的影响下，"一带一路"服务贸易网络的组团数量虽然仍维持在 5 个，但组团内部格局经历局部重组。中国-东南亚组团吸纳了阿富汗和巴基斯坦，国家数量达到 20 个。在"一带一路"倡议下，中巴经济走廊不仅增强了中国国际贸易的韧性，而且进一步强化了中巴两国的经贸往来，特别是推动了双方及周边国家服务贸易的拓展。中国-东南亚组团的贸易占比为 44.52%，同前期相比极化效应略有下降，这说明"一带一路"倡议增强了沿线国家间的经济互联互通，从而促进各经济体服务贸易的多元化发展。原俄罗斯-中亚组团中的阿富汗、罗马尼亚和保加利亚脱离，取而代之的是爱沙尼亚、拉脱维亚和立陶宛的加入，组团格局基本稳定，国家数量维持在 16 个。南亚-中东组团国家数量减少 1 个、中东欧组团的白俄罗斯并入俄罗斯-中亚组团，南欧组团格局未发生变化。

8.5 "一带一路"服务贸易网络骨干结构

为了克服原始网络中过多连边对识别网络核心结构时的干扰,本章运用视差滤波算法,识别支撑"一带一路"服务贸易网络整体架构的骨干网络(图8-3)。从整体上看,"一带一路"服务贸易网络骨干结构以中国为极核,以印度和新加坡为区域枢纽,以三国间贸易流构成的三角形区域为骨架,随着时间演化不断拓展和分化,但骨干结构相对稳定、脉络清晰。

从时序演化来看,"一带一路"服务贸易骨干网络密度呈现先增后减转而再增的动态演变趋势,骨干网络整体朝着多元化方向发展。2006年,骨干网络包含373对贸易连边,贸易流量居前三位的连边是新加坡-马来西亚、新加坡-中国和乌克兰-俄罗斯,骨干连边数量超过30对的节点为中国、印度和俄罗斯。到了2011年,骨干网络密度小幅增长至379对,中国和新加坡建立的贸易联系超越新加坡和马来

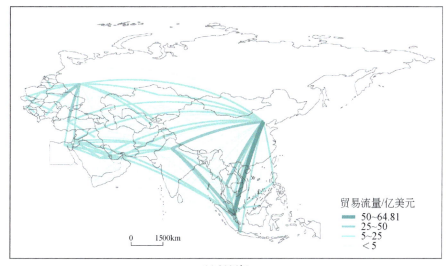

(a) 2006年

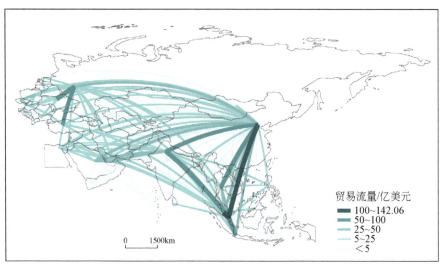

(b) 2011年

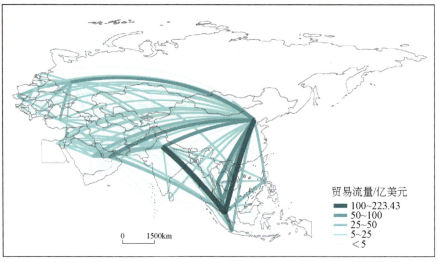

(c) 2016年

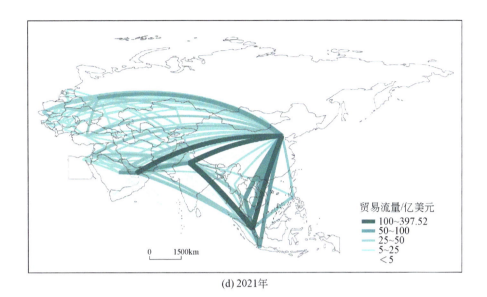

(d) 2021年

图8-3　服务贸易网络骨干结构

西亚之间的贸易额，成为最大的贸易流量对。受地缘政治环境变迁的影响，俄罗斯和乌克兰关系的微妙变化一定程度影响其贸易往来强度，致使新加坡和印度的贸易联系取代了乌克兰和俄罗斯的贸易联系成为排名第三的贸易流量对。此时段，新加坡的节点集中度显著提升，连边数量由原来的29提升至35，成为第四个连边数超过30的国家。2016年的骨干网络呈现集聚演化态势，网络密度缩减至349对，新加坡与中国、马来西亚和印度的贸易联系成为排名前三的贸易流量对，其中中国–新加坡贸易流量呈现大幅领先优势，连边超过30的节点缩减为中国和印度，且中国的连边数达到55，节点集中性较强。在"一带一路"框架下，中国加快与沿线国家签订服务贸易协定和备忘录等合作文件，强化了与相关国家的贸易往来，推动中国在服务贸易网络中的核心支撑作用越发凸显。2021年的骨干网络呈现核心集聚与外围多元化发展并存的演化趋势，网络密度提升至400对，连边数量超过30的国家恢复至3个，且中国的连边增长至61条，几乎与其完整网络连边重叠，中国–印度贸易流量对进入骨干网络前三序列。

从节点来看，"一带一路"服务贸易骨干网络以中国为绝对核心，印度、新加坡和俄罗斯为次级节点，并逐渐建立起区域性次级骨干网络。中国始终居于"一带一路"沿线国家的核心和枢纽地位，骨干连边数量由2006年的46持续增长至2021年的61，带动和引领"一带一路"沿线地区服务贸易增长。印度对服务贸易骨干网络的支撑作用稳中有进，连边数量由34持续增长至38，在不断增强与中国服务贸易联系的同时，以印度为核心的区域性贸易集团对贸易网络的支撑作用日益提升。新加坡在骨干网络中的作用波动演化，四个年份的连边数量分别为29、35、28和32，支撑服务贸易骨干网络的能力较强，但受制于国际贸易中转站和"桥梁"作用等对外贸易特征，新加坡的服务贸易受外界环境影响较大，与中国等内需和外贸同步驱动的经济体发展相比，其维持服务贸易网络支撑作用的稳定性相对较弱。俄罗斯也是骨干网络中的重要节点，但其网络连通性和支撑力呈现衰减趋势，连边数量由2006年的30持续减少至2021年的22，受地缘环境、产业结构等综合影响，俄罗斯的服务贸易发展潜力相对受限，进而导致其在"一带一路"服务贸易骨干网络中的地位和角色有所弱化。

8.6 "一带一路"服务贸易的全球角色变化

"一带一路"倡议提出10年以来，共建国家通过一系列经贸协定、合作规划和项目建设不断拓展彼此合作的广度和深度，推动各国间产业链和供应链体系融合发展。在此过程中，服务贸易也取得了长足发展。上文分析发现，"一带一路"沿线国家的服务贸易不断壮大，已经形成联系日益紧密、层级结构突出的服务贸易网络，区域性特征日趋强化。作为世界贸易体系的组成部分，"一带一路"服务贸易在全球的地位及演化不仅能够反映出全球视野下"一带一路"的建设成效，也蕴含着"一带一路"与全球服务贸易体系的交互关系。为此，下文将从贸易规模、网络中心性和网络拓扑关系等维度进一步解析"一带一路"服务贸易在全球服务贸易格局中的角色变化。

8.6.1 "一带一路"国家在全球服务贸易中的规模演化

从规模分布上，"一带一路"服务贸易在全球的地位稳步提升（图 8-4），贸易规模占比由 2006 年的 29.44% 提升至 2021 年的 36.74%。在全球服务贸易普遍增长的情况下，"一带一路"服务贸易增幅长期超越全球整体增长水平。同时，"一带一路"服务贸易的波幅明显弱于全球整体发展情况，表现出更强的增长韧性。这也说明"一带一路"倡议有力增强了沿线国家的凝聚力、发展合力和抗风险能力，各国间服务贸易增长势头和增长韧性显著高于全球整体发展水平。

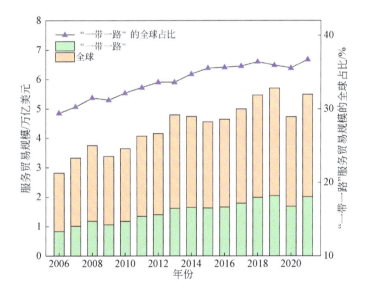

图 8-4 "一带一路"在全球服务贸易中的规模占比变化

分阶段来看，可以将 2006 年以来"一带一路"及全球服务贸易发展划分为 3 个阶段：①2006～2012 年的初始增长期，此阶段是"一带一路"倡议提出以前的服务贸易发展情况。"一带一路"和全球服务贸易呈现波动增长态势，其中"一带一路"服务贸易年均增幅高出全球整体水平2.5个百分点；在2008年金融危机的冲击下，"一带一路"服务贸易降幅与全球整体水平相当，但2009～2012年的恢复阶段，前者恢复性增长弹性显著高于后者。②2013～2018年的稳步提升期，"一带一路"倡议提出后，沿线国家间软、硬连通性水平大幅提升，服务贸易显著增强，年均增幅达到6.23%，显著高于全球整体水平的4.87%，说明"一带一路"相关举措在激发区域性服务贸易动能方面发挥了显著作用。③2019～2021年的下滑恢复期，受2018年的中美贸易摩擦和2019年底暴发的新冠疫情等影响，"一带一路"及全球服务贸易遭受剧烈冲击，贸易额整体呈现下滑趋势。随着全球抗疫进入阶段性稳定期，各国服务贸易呈现恢复增长态势，2020～2021年"一带一路"服务贸易恢复增幅达到20.05%，显著高于全球整体的16.12%，表现出更强的恢复韧性。

8.6.2 "一带一路"在全球服务贸易网络中的中心性演化

本章借助网络中心性指标从微观视角探究"一带一路"沿线国家在全球服务贸易网络中的结构特征及地位演化（表8-1）。总体而言，"一带一路"地区在全球服务贸易网络中占据核心位置，中心性随时间演化不断强化，核心竞争力、网络控制力和综合影响力日益提升。从体现网络节点优势和贸易规模的加权度中心性指数来看，15年间，"一带一路"国家稳居全球第一位，长期领先于美国、英国和德国等西方发达国家，且相对优势不断扩大。2006年"一带一路"的加权度中心性是排在第二位的美国的1.01倍，是排在第三位的英国的1.69倍，至2021年这一差距分别扩大至1.24倍和2.53倍，说明"一带一路"服务贸易不仅是自身规模的绝对增长，相较于世界上主要发达经济体而言，其发展势头也更胜一筹。从体现网络节点的重要程度和潜

表8-1 "一带一路"和主要经济体在全球服务贸易网络中的中心性

	经济体或研究区域	加权度中心性	经济体或研究区域	PageRank中心性		经济体或研究区域	加权度中心性	经济体或研究区域	PageRank中心性
2006年	"一带一路"	829.62	美国	0.1350	2011年	"一带一路"	1340.75	"一带一路"	0.1398
	美国	819.44	"一带一路"	0.1239		美国	1163.57	美国	0.1345
	英国	491.94	英国	0.0798		英国	613.49	英国	0.0697
	德国	420.54	德国	0.0569		德国	570.52	德国	0.0534
	法国	298.32	法国	0.0492		法国	414.78	法国	0.0470
	荷兰	236.76	荷兰	0.0350		荷兰	329.25	荷兰	0.0343
	日本	225.37	日本	0.0298		日本	290.23	日本	0.0276
	意大利	187.00	西班牙	0.0296		瑞士	277.80	西班牙	0.0260
	瑞士	176.94	意大利	0.0277		意大利	223.93	瑞士	0.0242
	西班牙	162.95	瑞士	0.0231		爱尔兰	221.60	意大利	0.0224
2016年	"一带一路"	1650.70	"一带一路"	0.1448	2021年	"一带一路"	2017.29	"一带一路"	0.1561
	美国	1392.73	美国	0.1422		美国	1630.54	美国	0.1386
	英国	686.81	英国	0.0706		英国	796.75	英国	0.0694
	德国	629.65	德国	0.0529		德国	778.73	德国	0.0552
	法国	447.71	法国	0.0433		爱尔兰	576.34	爱尔兰	0.0421
	荷兰	378.36	荷兰	0.0333		法国	504.42	法国	0.0413
	日本	337.90	日本	0.0302		荷兰	457.76	荷兰	0.0333
	爱尔兰	327.81	爱尔兰	0.0252		瑞士	371.24	日本	0.0255
	瑞士	311.62	西班牙	0.0247		日本	353.60	瑞士	0.0231
	中国香港	241.10	瑞士	0.0241		中国香港	291.41	中国香港	0.0214

在控制能力的 PageRank 中心性来看，2006 年"一带一路"排在美国之后，处于全球第二位，随着后续"一带一路"服务贸易的全方位发展，涉及贸易规模扩张，贸易结构优化，贸易对象进一步拓展等，其在全球服务贸易网络中的重要性和控制能力持续提升，2011 年反超美国成为第一，且领先优势不断扩大，至 2021 年美国的 PageRank 中心性指数仅占"一带一路"国家的 88.79%。

8.6.3 "一带一路" 与全球服务贸易网络拓扑关系

本章采用弦图刻画了"一带一路"与全球主要经济体间的服务贸易网络联系特征（图8-5），其中，弧长代表贸易规模，连线宽度代表贸易联系强度，箭头指明了贸易联系方向。从网络拓扑关系来看，美国长期同时是"一带一路"最重要的服务贸易市场和服务贸易供给国，其中，服务贸易市场的地位更高，15年间"一带一路"国家对美国的出口额占比基本维持在20%左右，而自美国进口额占比介于15%~17%，说明"一带一路"国家的服务贸易需求更加多元化。德国是"一带一路"第二大贸易对象，其对"一带一路"的服务贸易供给大于需求，长期是"一带一路"的第二位进口来源国，占比虽略有下滑，但维持在10%以上；作为"一带一路"稳定的服务贸易消费市场，规模虽不断扩大，但其所占市场份额长期维持在8%左右。中国香港在"一带一路"服务贸易合作中占据重要位置，毗邻中国内地巨大的市场，自由的贸易政策和多元化的贸易伙伴关系使其成为"一带一路"地区重要的贸易对象和中转站，其长期位居"一带一路"地区第三位进口来源地，作为"一带一路"地区服务贸易消费市场的地位也显著提升，所占份额从6.75%波动提升至8.83%。英国在与"一带一路"地区服务贸易往来中的地位略有下降，前期是"一带一路"地区的第二大服务贸易出口对象，占比维持在10%左右，后期受国际形势变化及英国脱欧等重大事件影响，在"一带一路"地区的出口额中占比下滑至8.62%，排序下滑至第四位；其作为"一带一路"地区服务贸易供给国的地位也略有下滑，排序虽长期维持在第四位，但所占份额从8.86%降至了7.93%。

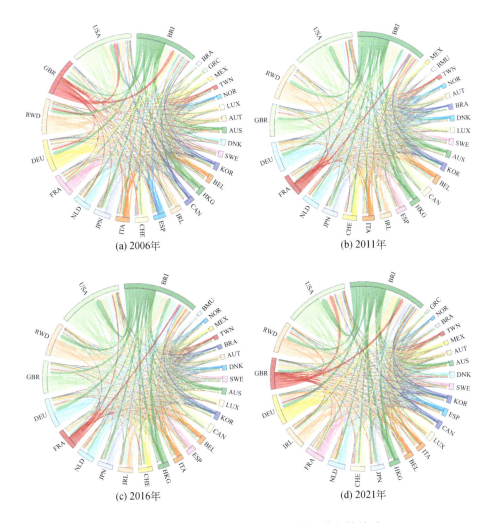

(a) 2006年   (b) 2011年

(c) 2016年   (d) 2021年

图 8-5 "一带一路"与全球服务贸易网络拓扑关系

弦图标签为 ISO 标准国家或地区代码。其中，AUS：澳大利亚；AUT：奥地利；BEL：比利时；BMU：百慕大群岛；BRA：巴西；CAN：加拿大；CHE：瑞士；DEU：德国；DNK：丹麦；ESP：西班牙；FRA：法国；GBR：英国；GRC：希腊；HKG：中国香港；IRL：爱尔兰；ITA：意大利；JPN：日本；KOR：韩国；LUX：卢森堡；MEX：墨西哥；NLD：荷兰；NOR：挪威；SWE：瑞典；TWN：中国台湾；USA：美国。此外 BRI 指代"一带一路"区域；RWD 指的是 Rest of World，即除了上述列出国家或地区的其他所有国家或地区的集合

8.7　讨论及政策启示

8.7.1　"一带一路" 服务贸易与商品贸易网络特征的对比

在世界经济大变革、大调整的背景下，数字经济崛起、服务业开放程度不断提升，全球价值链正在经历新一轮重构，服务贸易成为拉动世界经济增长的新引擎（牛华等，2020）。"一带一路" 倡议在推动区域经济融合发展的同时，也促进了沿线国家产业链和产业结构对接调整的广度和深度，促使各国服务贸易联系日益紧密，网络化趋势日益凸显（Chen and Wang，2022；Mcnicol，2024）。与传统的商品贸易相比，服务贸易具有无形性与多样性、生产与消费的同步性、隐蔽性和灵活性以及监管的复杂性（Ayoub，2018）。对比商品和服务贸易网络特征的异同，能够明晰 "一带一路" 贸易网络的多元结构化特征，对于深化服务贸易联系和明确服务贸易提升路径具有重要意义，也更有利于凸显本书的研究价值。

本研究将 "一带一路" 服务贸易和商品贸易进行对比，发现存在以下特征：①与商品贸易网络相比，中国在服务贸易网络中的中心地位相对弱化。在贸易网络的最大流量对的统计结果中，商品贸易的前五位流量对均与中国相关（钮潇雨等，2023），而服务贸易的前五位流量对中，中国的份额虽有所增长，但数量也仅为 2 或 3 对。这说明中国虽然商品贸易的体量大、中心性强，但在服务贸易格局中，特别是参与产业链和价值链高端环节的服务贸易仍有巨大提升潜力。②相较于商品贸易网络，"一带一路" 服务贸易网络结构更加多元。商品贸易的骨干网络通常由 200 多条贸易连接构成（钮潇雨等，2023），而服务贸易的骨干网络连接体量达到 300 ~ 400 条，说明商品贸易结构更趋于集中，服务贸易结构相对分散、更加多元，服务贸易核心节点和网络结构的发育程度有待进一步提升。③商品和服务贸易网络组团格局演变较为相似，均由初始的 4 个演变为 5 个，但在组团内部演化态势上，商品贸易的演变更为频繁且演变幅度更大（Song et al.，2018），而服务贸易相比更趋稳态，区域性核心国家形成的服务贸易依附关系更为稳定。这是由于货物贸易的可替代性更强且受外部环境影响大，市场转向更加频繁，而服务贸易一定程度体现产业链和供应链体系结构特征，具有一定的稳定性。④国家的经贸结构决定了其在贸易网络中的地位差异性。新加坡的服务贸易体量居"一带一路"贸易网络的前两位，而其商品贸易的规模排序则逐年下滑，至 2021 年已下滑至第 6 位（Chen et al.，2023）。这是因为新加坡作为国际金融中心和国际贸易枢纽，在服务贸易中发挥的纽带作用要大于其在传统的商品贸易中的作用。而俄罗斯在商品贸易网络中的地位显著超越其在服务贸易网络中的地位，这主要与其能源和原材料产业依赖型经济结构相关，在攀升产业链和价值链高端环节的动力相对不足。

8.7.2 "一带一路"服务贸易网络的全球地位变化的启示

本章在开展"一带一路"服务贸易网络格局演化的基础上，进一步对比了其在全球服务贸易格局中的地位及其动态变化趋势，对于指导"一带一路"沿线国家的服务贸易发展具有重要的启示意义：①"一带一路"服务贸易在全球的占比显著提升，服务贸易年均增幅高出全球整体发展水平两个百分点，服务贸易增长韧性更强，抗风险能力更高。在以发展中国家为主体的"一带一路"沿线地区能够实现超越全球整体发展水平的服务贸易增长，本书认为这充分体现了"一带一路"倡导的包容性全球化理念（Liu and Dunford，2016）。在"一带一路"倡议搭建的开放包容的合作平台和框架下，沿线不同资源禀赋、经济发展水平、服务贸易发展阶段和开放程度的国家间形成紧密协作的利益共同体和命运共同体，地理距离和经济差异等因素对国家间服务贸易的负面影响趋于弱化，各国可以广泛而深入地参与服务贸易合作，不断提升自身服务贸易发展水平，进而实现区域化协同增长。②从贸易规模来看，"一带一路"地区的服务贸易体量虽然逐步赶超美国、英国、德国和法国等发达国家，但是贸易体量并未形成较大差距，特别是与全球排名第一的美国之间的差距并不大。从长远来看，广大"一带一路"沿线国家的服务贸易增长潜力仍有待大幅度开发。③以发展中国家为主体的"一带一路"沿线国家的服务贸易对象具有显著的发达国家依附性，服务贸易出口市场和进口来源地呈现高度的美国、英国、德国和日本等发达国家集聚性，前8位贸易对象的贸易份额占比均达到70%左右，说明发展中国家服务贸易的独立性相对较弱，在扩大与发达国家服务贸易交往的同时，需要注意推动发展方式从"量大质低"向着注重技术获取和产业链价值链层级跃迁的方向转变。

8.7.3 政策启示

结合上述研究发现，本章认为，在未来推动"一带一路"服务贸易高质量发展的过程中，需要注意以下内容：①推动商品贸易与服务贸易相互促进，实现共同发展。各国要立足本地资源禀赋，因地制宜打造促进商品贸易和服务贸易协同发展的平台和载体，创新服务贸易发展机制，推动与商品贸易相关的前后端环节向服务贸易延伸和拓展，实现商品贸易和服务贸易齐头并进、融合发展，不断挖掘"一带一路"沿线国家服务贸易的发展潜力。②加大政策引导力度，推进服务贸易合作发展的广度和深度。各国应积极利用外贸开放合作平台，不断拓展其支撑服务贸易发展的激励措施和财税支持力度，助推重点服务型外贸企业不断拓展海外市场，攀升产业链价值链高端环节。③加快各国战略与规划对接，增强服务贸易发展的条件和制度保障。在

"一带一路"倡议下，加快推动各国与亚投行和丝路基金等多边金融机构对接，为服务贸易发展提供资金支持，推动各国参与进出口博览会和国际服务贸易交流会等多渠道服务贸易合作平台，为拓展各国间服务贸易融合与开放发展提供契机，加快各国间双边或多边服务贸易协定的签约步伐，持续深化服务贸易产品和国别合作。④强化基础设施建设与新技术应用，提升服务贸易的增长韧性。以基础设施互联互通和数字经济等新产业业态为抓手，不断巩固沿线国家服务贸易交往的便利化程度，不断拓展数字技术等引领的服务贸易多元化增长渠道，充分释放多领域服务贸易增长活力。

8.8 主要结论

服务贸易是国际贸易的重要组成部分和国际经贸合作的重点领域，是带动全球经济增长的新引擎。在"一带一路"倡议引领的包容性全球化发展框架下，服务贸易肩负着提振消费能级，拓展贸易增长新空间，培育外贸发展新动能的重要使命。基于经济合作与发展组织–世界贸易组织服务贸易平衡数据集，本章构建"一带一路"服务贸易网络，综合集成多种复杂网络分析技术，从网络格局、组团集聚和骨干网络等维度系统揭示"一带一路"服务贸易的网络结构及演化态势，在此基础上，从贸易规模、网络中心性和网络拓扑关系等维度分析"一带一路"服务贸易在全球格局中的角色及地位变化。

主要研究结论如下：①"一带一路"服务贸易网络联系日益紧密，密度持续增长，规模不断提升，逐步形成了具有显著的层级结构、极核突出、空间非均衡分布的网络格局。②在经济全球化深入发展、"一带一路"倡议加快推进和区域一体化深度融合等背景下，"一带一路"沿线国家的服务贸易网络形成了较为明显的4~5个组团结构，且呈现动态演化趋势。③"一带一路"服务贸易网络骨干结构以中国为极核，以中国、印度和新加坡为支点，以三国间贸易流构成的三角形区域为骨架，随着时间演化不断拓展和分化，但骨干结构相对稳定、脉络清晰。④"一带一路"倡议显著增强了沿线国家的凝聚力、发展合力和抗风险能力，各国间服务贸易增长势头和增长韧性显著高于全球整体发展水平；"一带一路"沿线地区在全球服务贸易网络中占据核心位置，中心性随时间演化不断强化，核心竞争力、网络控制力和综合影响力日益提升，美国、德国、中国香港、英国和法国是"一带一路"地区重要的服务贸易对象。

随着全球经济的不断发展和技术创新的持续进步，服务贸易保持着强劲发展势头并为全球经济增长注入新的动力。服务贸易涉及不同部门和行业，差异化类型的服务贸易在服务形式、贸易市场、贸易需求和贸易韧性等方面存在显著差异性。本章仅针对"一带一路"沿线国家的整体服务贸易开展研究，未进行细分行业的进一步探讨，未来可以有针对性地开展典型服务贸易业态，如数字服务贸易或金融服务贸易，或开展不同细分行业的服务贸易网络结构演化对比研究，以期进一步深入挖掘"一带一路"沿线国家的多元贸易结构。

参 考 文 献

陈伟, 刘卫东, 柯文前, 等. 2017. 基于公路客流的中国城市网络结构与空间组织模式. 地理学报, 72 (2): 224-241.

陈友余, 宋怡佳. 2023. "一带一路"沿线国家数字服务贸易格局及中国地位分析. 经济地理, 43 (6): 106-117.

刘卫东. 2015. "一带一路"战略的科学内涵与科学问题. 地理科学进展, 34 (5): 538-544.

牛华, 兰森, 马艳昕. 2020. "一带一路"沿线国家服务贸易网络结构动态演化及影响机制. 国际商务 (对外经济贸易大学学报), (5): 78-93.

钮潇雨, 陈伟, 俞肇元. 2023. "一带一路"贸易网络连通性演化. 地理科学进展, 42 (6): 1069-1081.

潘安, 刘红. 2022. "一带一路"服务贸易网络的结构特征与影响因素. 安徽大学学报 (哲学社会科学版), 46 (2): 124-135.

姚星, 梅鹤轩, 蒲岳. 2019. 国际服务贸易网络的结构特征及演化研究——基于全球价值链视角. 国际贸易问题, (4): 109-124.

Ayoub Y. 2018. Estimating the effect of the internet on international trade in services. Journal of Business Theory and Practice, 6 (1): 65.

Barrat A, Barthelemy M, Pastor-Satorras R, et al. 2004. The architecture of complex weighted networks. Proceedings of the National Academy of Sciences, 101: 3747-3752.

Blondel V D, Guillaume J L, Lambiotte R, et al. 2008. Fast un-folding of communities in large networks. Journal of Statistical Mechanics: Theory and Experiment, 10: P10008.

Boyd J P, Fitzgerald W J, Beck R J. 2006. Computing core/periphery structures and permutation tests for social relations data. Social Networks, 28 (2): 165-178.

Chen W, Wang N Y. 2022. Visualizing the changing geographies of international trade, 2000-19. Regional Studies Regional Science, 9 (1): 132-134.

Chen W, Zhang H P, Tang Z P, et al. 2023. Assessing the structural connectivity of international trade networks along the "Belt and Road". PLoS ONE, 18 (3): e0282596.

Chen W, Zhang H P. 2022. Characterizing the structural evolution of cereal trade networks in the Belt and Road regions: A network analysis approach. Foods, 11 (10): 1468.

Liu A, Lu C, Wang Z. 2020. The role of cultural and institutional distance in international trade: Evidence from China's trade with the Belt and Road countries. China Economic Review, 61: 101234.

Liu W D, Dunford M, Gao B Y. 2018. A discursive construction of the Belt and Road Initiative: From neo-liberal to inclusive globalization. Journal of Geographical Sciences, 28 (9): 1199-1214.

Liu W D, Dunford M. 2016. Inclusive globalization: Unpacking China's Belt and Road Initiative. Area Development and Policy, 1 (3): 323-340.

Liu Z G, Wang T, Sonn J W, et al. 2018. The structure and evolution of trade relations between countries along the Belt and Road. Journal of Geographical Sciences, 28 (9): 1233-1248.

Mcnicol H. 2024. Pivot to the South: Achieving the sustainable development goals through China's Belt and Road Initiative. Geography Compass, 18 (6): e12762.

Newman M E J. 2010. Networks: An Introduction. Oxford: Oxford University Press.

Serrano M A, Boguñá M, Vespignani A. 2009. Extracting the multiscale backbone of complex weighted networks. Proceedings of the National Academy of Sciences, 106 (16): 6483-6488.

Song Z, Che S, Yang Y. 2018. The trade network of the Belt and Road Initiative and its topological relationship to the global trade network. Journal of Geographical Sciences, 28 (9): 1249-1262.

Tian X, Hu Y, Yin H, et al. 2019. Trade impacts of China's Belt and Road Initiative: From resource and environment perspectives. Resources, Conservation and Recycling, 150: 104430.

Traag V A, Waltman L, van Eck N J. 2019. From Louvain to Leiden: Guaranteeing well-connected communities. Scientific Reports, 9: 5233.

Zhang C, Fu J, Pu Z. 2019. A study of the petroleum trade network of countries along "The Belt and Road Initiative". Journal of Cleaner Production, 222: 593-605.

Zheng Z, Liu W D, Song Z Y. 2021. Does the Belt and Road Initiative promote value chain connection between China and the Silk Road countries? Chinese Geographical Science, 31 (6): 979-995.

第9章 | 结论与展望

以"一带一路"为研究对象，本书尝试构建长时间序列尺度"一带一路"贸易网络数据库，综合集成空间分析、网络科学和计量经济等数据模型和前沿算法，探索构建测度贸易网络连通性、贸易门户国家及贸易网络韧性等分析框架，为全面深入、系统性理解"一带一路"贸易地理格局变化及其驱动机制提供了科学依据。在前期部分重点国别实地调研基础上，结合质性研究与定量分析，本书提出促进与"一带一路"沿线国家开展经贸合作的发展对策和建设模式，为促进与沿线国家贸易畅通、推动"一带一路"高质量发展提供科学支撑。

9.1 主 要 结 论

在研究内容上，本书刻画了"一带一路"贸易格局时空演化过程，解析了贸易格局变化背后的潜在驱动力；测度了"一带一路"贸易网络结构连通性，揭示了"一带一路"贸易网络组团结构、核心-边缘结构和主干结构演化；提出了"门户国家"概念，识别了"一带一路"沿线地区的贸易门户国家，剖析了不同国家和地区门户性角色和功能地位的动态演化；从节点韧性和结构韧性两个维度，解析了"一带一路"沿线地区贸易网络韧性，并探讨其演变过程和发展趋向；探究了"一带一路"沿线地区粮食、能源和服务贸易网络演化态势，为理解战略性物资供应链安全、新产业与全球价值链升级等维度提供有益参考。主要研究结论如下：

1）当前世界经济发展不确定性要素增多，通过分析 20 世纪 80 年代以来国际政治经济局势的转变以及发达国家与发展中国家的地位更替，本书揭示了世界贸易网络的中长期演变趋势。研究发现：①重大的世界政治经济事件对中长期全球贸易联系与贸易格局影响深远。1980～1992年，世界贸易处于转型时期，贸易增长较慢，之后在新自由主义逐渐完善的制度下世界贸易飞速增长，而在2008年金融危机之后世界贸易量的增长则趋于波动。而东欧剧变、中国加入WTO也显著性地影响了世界的贸易联系增长。②世界贸易格局呈现出"稳中有变"的演化趋势，世界贸易主要由欧洲和亚太部分组成。欧洲部分德国、法国和俄罗斯组团相对稳定，而英国和意大利组团地位不断下降。亚太部分美国一直占有主导地位，澳大利亚与太平洋国家（或地区）组成相对稳定的组团，日本组团的地位呈现出下降趋势。③发展中国家逐渐摆脱原殖民体系影响，在世界贸易中的地位明显上升。近年来，印度、沙特阿拉伯、阿联酋、巴西和南非成为区域性贸易中心。④随着中国经济的发展，中国在世界贸易中的地位迅速上升，成为重要的世界贸易组团核心。尤其是2008年以来，中国组团的成员数量逐渐超过了美国组团，成为世界上最大的贸易组团。近年来，除了传统的东南亚国家外，中亚、中东和非洲国家成为中国的新兴贸易伙伴。这一定程度上体现了中国经济实力的增强和构建世界贸易网络的努力。中长期尺度研究发现，世界贸易网络的构建与演变并不像经济学家所认为的那样，是纯市场经济行为的产物，而是一个复杂的全球和区域性力量交织的政治经济和技术综合作用的结果。受世界政治经济和技术变革的影响和大国与区域力量的角力，世界贸易组团成员存在着不稳定性，一些具有地缘战略重要性的国家长期以来是大国"争夺"的地带，对世界和区域贸易格局有着重要的影响。

2）剖析"一带一路"贸易格局时空演化，对于明确"一带一路"经贸合作发展方向、推动沿线地区共同繁荣具有重要意义。本书深入剖析了"一带一路"商品贸易的时序变化、等级分布、格局演化和集聚形态，识别了"一带一路"沿线贸易的核心节点和贸易联系集聚区域，揭示了"一带一路"沿线贸易发展的差异性和不均衡性，为深入认知后疫情时代"一带一路"经贸高质量发展趋势提供了参考依据。研究结果表明：①"一带一路"沿线贸易规模持续增长，随时间呈现先快速增长、后波动上升的发展态势。②"一带一路"沿线贸易规模等级分布特征明显，贸易规模整体呈现集中分布态势，国家间的贸易规模差距有所缩小；随着国家位序降低，贸易规模的衰减速率有所下滑，各国贸易规模的均衡性有所优化。③"一带一路"沿线地区进出口贸易格局经历了不同程度的空间重构，进出口贸易格局较为相似，出口贸易的极化效应相较于进口贸易更为显著。④"一带一路"沿线贸易差额格局处于动态演变中，贸易顺差国远少于逆差国，且顺差国数量呈逐渐减小趋势。俄罗斯、马来西亚、沙特阿拉伯等国家始终是贸易顺差国，新加坡等国是主要的贸易逆差国，印度由贸易顺差国转变为贸易逆差国，中国则由贸易逆差国转变为贸易顺差国，贸易差额分布具有一定的地理邻近性。⑤"一带一路"贸易组团化集聚趋势逐步浮现且处于动态演化中，形成了三个主要的贸易集聚区域。

3) 贸易畅通是共建"一带一路"的重要内容和关键环节。本书通过集成多种网络科学领域前沿分析算法，构建测度贸易网络连通性的分析框架，从节点、连边两个维度考察了"一带一路"贸易网络的时空格局、拓扑关系以及结构性演化，以期能为新时期"一带一路"框架下优化贸易发展格局、提升产业链供应链韧性等提供有益参考。研究结果表明：①"一带一路"贸易网络联系持续增加、网络密度不断提升，贸易规模分布呈现出空间异质性，逐步形成了具有明显层级结构、空间上非均衡分布、贸易联系日益紧密的贸易网络格局。②"一带一路"贸易网络形成了五个贸易组团，组团结构具有显著的地理邻近性，地理距离在全球及区域尺度的国际贸易体系分工演化中依然具有重要作用。③"一带一路"贸易网络的核心-边缘结构正在经历结构性调整，核心结构和边缘结构呈现出明显的分化，核心-边缘极化效应明显。④"一带一路"贸易网络骨干结构不断拓展和丰富，呈现出向核心国家集聚的变化趋势，形成了以中国为绝对核心、向外辐射并联系整个区域的骨干网络格局，印度、俄罗斯、土耳其在局部区域也形成了各自的骨干网络。

4）科学识别贸易门户国家对于高效推进"一带一路"建设、深入融入世界贸易体系具有重要意义。为此，本书提出了"门户国家"理论概念及其分析框架，综合集成 Top 网络、组团识别和门户系数等分析算法，结合地理网络和拓扑网络可视化分析技术，科学识别贸易门户国家及其作用，揭示门户国家在凝聚和支撑"一带一路"贸易网络体系中的战略地位。研究发现：受地理位置、市场经济、国际关系、营商环境和贸易政策等多因素的叠加影响，"一带一路"贸易门户国家处在动态演变中。中国、俄罗斯、印度、土耳其、新加坡、马来西亚、波兰、匈牙利、罗马尼亚、埃及、以色列和黎巴嫩等贸易大国或占据特殊地理位置的枢纽国家始终具有较高的门户系数，成为"一带一路"沿线地区的门户国家。作为凝聚和支撑"一带一路"贸易体系的功能性节点和战略性枢纽，门户国家在提升贸易网络连通性方面发挥着至关重要的作用，也应成为中国与沿线地区开展经贸合作的优先战略选择。

5）开展"一带一路"贸易网络韧性研究，对于明确沿线地区经贸合作重点方向、优化沿线地区贸易格局、提高沿线国家贸易往来的抗风险能力具有重要意义。本书借鉴复杂网络理论内涵，从节点韧性和结构韧性两个维度对"一带一路"贸易网络韧性进行综合测度，并探讨其演变过程和发展特征，以期为沿线地区贸易互联互通、"一带一路"高质量建设提供有益参考。研究发现：在节点韧性方面，"一带一路"沿线国家在贸易网络中的地位和角色具有明显的异质性，并处于动态演化中。2001 年以来，贸易网络加权节点度数值普遍提升，多样性系数无明显变化，而中介中心性除中国有明显上升以外，其他国家普遍存在波动或下降趋势，逐渐形成以中国、俄罗斯、印度、土耳其等国家为强韧核心的贸易格局。在结构韧性方面，"一带一路"贸易网络结构韧性总体有所提升,网络结构异质性不断增强。从连通性来看,2001年以来贸易网络的全局效率显著提升,网络连通性大幅上升;从抗毁性来看,"一带一路"贸易网络抗毁性呈现出波动下滑态势,整体贸易网络的抗毁能力有所减弱;从恢复性来看,"一带一路"贸易网络为异配性网络、网络恢复能力较弱,但同配系数逐渐增大,网络恢复性逐渐提升;从稳健性来看,"一带一路"贸易网络存在少数对于整体网络稳健性具有关键作用的高权重节点和连边,一旦失效将造成整个网络的瓦解和崩溃。

6)基于"一带一路"粮食贸易网络数据库,本书考察了2001年以来"一带一路"沿线国家间粮食贸易网络结构及其演化特征,量化了不同国家在不同时期的相对地位变化。研究结果表明:"一带一路"沿线国家间的粮食贸易持续增长,已经形成一个联系紧密、结构复杂的贸易网络。"一带一路"倡议显著促进了"一带一路"沿线国家的粮食贸易,各国间的贸易依赖程度不断加深,骨干连接进一步壮大。"一带一路"粮食贸易的主干网络结构具有显著的地理邻近性。印度、俄罗斯和乌克兰是"一带一路"沿线国家最重要的粮食贸易伙伴和贸易网络的绝对中心,影响着贸易网络结构的稳定性。随着时间演化,部分国家的主要贸易对象处于动态演变进程中,说明"一带一路"粮食贸易市场并未形成固定的国家间粮食交易伙伴,粮食贸易竞争态势明显。"一带一路"粮食贸易网络具有显著的核心–边缘结构,且随着时间演化,贸易网络内部核心城市的贸易集聚效应日益强化。2001年以来,"一带一路"沿线国家粮食贸易网络核心由相对多元向着极化方向发展,国家间因粮食供需关系呈现出显著的权力不对称,主要的粮食出口国长期处于核心地位,在贸易网络中控制着更多的关系与资源,而粮食进口为主的国家贸易地位普遍不高,多处于次边缘或边缘圈层。

7)能源贸易是"一带一路"沿线国家经贸合作的重点领域。基于此,本书刻画了"一带一路"能源贸易网络格局,剖析了"一带一路" 能源贸易网络的等级结构, 进一步识别了 "一带一路" 能源贸易网络中的核心-边缘结构和骨干结构, 从而揭示 "一带一路" 能源贸易网络演化态势。研究结果表明: ①"一带一路" 能源贸易网络连通性持续增强, 形成了紧密联系、结构复杂、空间不均衡的能源贸易网络, 贸易规模呈现出空间不均衡态势, 等级结构特征明显。"一带一路" 能源贸易总量经历了先大幅增长后小幅回落的变化趋势, 能源贸易正在逐步进入调整期。②从中心性指标上看, 中国、俄罗斯、印度、阿联酋和沙特阿拉伯是出现次数最多的排名前五位的国家, 其他国家的排名均有不同程度的变化。③"一带一路" 能源贸易网络中存在着显著的 "核心-边缘" 结构。一部分节点国家在网络中处于绝对的核心位置, 而多数国家在网络结构中处于地缘位置。"一带一路" 能源贸易网络中核心结构和边缘结构基本稳定, 仅在少数年份发生一些细微变化。④"一带一路" 能源贸易网络中的骨干结构也不断壮大, 骨干网络的数量和权重均有明显提升, 形成了以能源出口大国和能源需求大国之间构成的能源贸易网络骨干结构。中国、俄罗斯和沙特阿拉伯等国家逐渐成为 "一带一路" 能源贸易骨干网络的绝对核心。

8) 服务贸易是国际贸易的重要组成部分和国际经贸合作的重点领域, 是带动全球经济增长的新引擎。在 "一带一路" 倡议引领的包容性全球化发展框架下, 服务贸易肩负着提振消费能级, 拓展贸易增长新空间, 培育外贸发展新动能的重要使命。在此背景下, 本书系统剖析了 "一带一路" 服务贸易的网络结构及演化态势, 从多维度剖析了 "一带一路" 服务贸易在全球格局中的角色及地位变化。研究发现: ①"一带一路" 服务贸易网络联系日益紧密, 密度持续增长, 规模不断提升, 逐步形成了具有显著层级结构、极核突出、空间非均衡分布的网络格局。②在经济全球化深入发展、"一带一路" 倡议加快推进和区域一体化深度融合等背景下, "一带一路" 沿线国家的服务贸易网络形成了较为明显的 4 到 5 个组团结构, 且呈现动态演化趋势。③"一带一路" 服务贸易网络骨干结构以中国为极核, 以中国、印度和新加坡为支点，以三国间贸易流构成的三角形区域为骨架，随着时间演化不断拓展和分化，但骨干结构相对稳定、脉络清晰。④"一带一路"倡议显著增强了沿线国家的凝聚力、发展合力和抗风险能力，各国间服务贸易增长势头和增长韧性显著高于全球整体发展水平；"一带一路"沿线地区在全球服务贸易网络中占据核心位置，中心性随时间演化不断强化，核心竞争力、网络控制力和综合影响力日益提升，美国、德国、中国香港、英国和法国是"一带一路"地区重要的服务贸易对象。

9.2　研究展望

开展"一带一路"贸易地理研究，对于促进"一带一路"经贸合作、提升沿线地区在全球贸易体系中的地位和作用具有重要意义。然而，受各方面所限，本书的研究仍存在一些不足和缺憾。首先，"一带一路"贸易地理研究仅以传统古丝绸之路沿线65国作为研究区域，未能涵盖更多共建"一带一路"国家。其次，本书研究侧重于揭示"一带一路"沿线整体商品贸易、粮食贸易、能源贸易、服务贸易等贸易格局及贸易网络特征，而未能对贸易地理格局演化背后的驱动机制展开定量化测度。同时，全球贸易体系中的商品和服务类型纷繁多样，而本书仅针对"一带一路"沿线国家的整体商品贸易、粮食贸易、能源贸易和整体服务贸易展开分析，未能对其他细分行业进行细致探讨。此外，伴随全球经济低迷、地缘冲突频发等国际新形势，重大外部变化与冲击将对"一带一路"建设带来诸多挑战和困难，本书尚未能针对新时期"一带一路"经贸合作所面临的风险防控策略开展深入、系统性研究。

9.2.1 "一带一路" 贸易结构分异特征有待于进一步解析

"一带一路" 沿线地区商品贸易和服务贸易均呈现出贸易联系日益紧密、网络结构日趋复杂、极化效应显著的特点，各类贸易网络存在共性特征。然而，"一带一路" 沿线地区不同商品和行业的贸易格局也存在差异化特征。例如，"一带一路" 商品贸易网络以中国、俄罗斯、印度、土耳其、新加坡、马来西亚、波兰、匈牙利、罗马尼亚、埃及、以色列和黎巴嫩等国家为门户国家；"一带一路" 粮食贸易网络以印度、俄罗斯和乌克兰为绝对贸易核心；"一带一路" 能源贸易网络以中国、俄罗斯、印度、阿联酋和沙特为关键国家；"一带一路" 服务贸易骨干网络则以中国为极核，以中国、印度和新加坡为支点，而俄罗斯等商品贸易核心国家在服务贸易网络中的地位则相对不突出。此外，相较于各类商品贸易网络，"一带一路" 服务贸易网络结构相对分散、更加多元，区域性核心国家形成的服务贸易依附关系较商品贸易更加稳定。由此可见，"一带一路" 沿线地区不同类型贸易网络的结构特征存在明显差异，各类贸易网络的结构分异及其对比研究有待进一步深入挖掘。

9.2.2 "一带一路" 贸易地理演化机制仍有待于深入探究

受限于研究重点，本书对 "一带一路" 贸易地理的研究仍侧重于贸易格局、拓扑结构、空间分异等方面的异质性分析，而对 "一带一路" 贸易地理演化机制的探索相对较少，未能从长时序尺度动态分析中长期尺度 "一带一路" 贸易网络连通性演化背后所蕴含的世界政治经济格局变化。"一带一路" 贸易网络在微观、中观和宏观尺度上，分别提供了透视其固有结构性特征的不同分析视角，对于理解和认识 "一带一路" 贸易网络拓扑特征具有重要意义。本书利用多种网络分析前沿算法，从多尺度、多视角展现和探讨"一带一路"贸易网络的连通性和韧性，但仍然缺乏对贸易网络连通性和韧性的直接量化表达。同时，贸易网络具有典型的高维度、全连通和结构复杂性特征，如何运用现代网络分析方法，构建综合测度"一带一路"贸易网络影响因素和演化机制的分析框架，是本书尚未完成的缺憾。在下一步研究中，可考虑进一步结合二次指派程序（QAP）、指数随机图模型等网络分析前沿算法，深入探究"一带一路"贸易网络连通性演化的驱动机制，以期能够丰富探究贸易地理演化机制的方法论途径。

9.2.3 "一带一路"价值链分工体系仍有待于进一步揭示

在地缘政治局势复杂多变、国际突发性事件频发等新背景下，部分商品和服务的全球供应链呈现脆弱性，而以发展中国家为主体的"一带一路"沿线国家的部分商品和服务贸易对象具有显著的发达国家依附性，贸易独立性较弱，使得沿线国家面临与日俱增的供应风险和价值链低端锁定困境。因此，共建"一带一路"价值链分工体系对于加强沿线国家经贸合作、保障沿线地区关键商品和服务供应安全、推动沿线国家产业结构升级至关重要。随着"一带一路"建设的深入推进，沿线各国贸易合作逐渐深化，凭借差异化的资源禀赋、产业结构和经济发展水平，沿线各国在各类商品和细分行业的贸易网络中扮演不同角色，发挥各自的比较优势，通过国家和地区间商品流动和服务贸易实现产品内、产品间、产业内和产业间分工合作，"一带一路"价值链分工体系正在逐渐形成。本书通过对"一带一路"沿线整体商品贸易、粮食贸易、能源贸易、服务贸易格局和贸易关系的探究，揭示了沿线各国在特定商品和服务贸易中的差异化角色和分工，但仍缺乏对价值链分工体系的全面、系统性刻画。在进一步研究中，可考虑采用价值链分解等方法，深入剖析"一带一路"贸易合作的价值链分工模式和分工格局，深入解析"一带一路"价值链分工体系，以期能够推动"一带一路"共建国家优势互补，全面提升"一带一路"合作水平及其在全球价值链中的地位。

9.2.4 "一带一路"贸易风险防范策略研究有待进一步深入

"一带一路"沿线部分国家具有较高的地缘重要性，成为大国"争夺"的地带，对世界贸易格局有着重要影响。当前，俄乌战争等地缘事件正在深刻影响"一带一路"乃至全球贸易体系，"一带一路"贸易网络也将进入重大调整期，贸易网络稳健性也面临更严峻挑战。因此，在未来研究中，需要进一步开展重大外部冲击下的贸易体系调整和供应链安全策略研究，探索建立"一带一路"贸易风险定期评估与防范策略应对机制。基于各章节的研究内容，本书初步概括"一带一路"沿线国家为优化贸易格局、促进贸易合作可采取的潜在措施，相关措施应在未来研究中进一步深入探讨。

中国应积极参与世界贸易治理体系改革，着力推进与"一带一路"沿线国家的互联互通，重点加强与贸易门户国家（如南亚的斯里兰卡、中东的沙特阿拉伯与阿联酋、中亚的哈萨克斯坦、东南亚的新加坡、欧洲的匈牙利、波兰和希腊等）的区域合作，充分发挥门户国家在连通区域内外贸易体系中的重要作用。然而，部分门户国家处于非稳定状态，面临政治动荡、经济停滞甚至局部爆发战争等突发情况。因此，未来"一带一路"经贸合作需特别考虑非传统安全问题，建立和完善风险预测与预警机制，动态监测"一带一路"共建国家政治经济形势对经贸合作产生的潜在影响，提高"一带一路"贸易网络韧性。

"一带一路"沿线国家由于供需关系的差异而在粮食、能源等各类商品贸易中呈现出显著的权力不对称性。"一带一路"粮食和能源贸易网络均具有极化特征，俄罗斯等少数几个粮食和能源出口的核心国家对贸易网络具有较强控制力。在这类极化网络中，核心国家一旦出现非稳定状态，如自然灾害、政治动荡、重大公共卫生事件甚至爆发战争等影响商品生产或出口的情况，都有可能影响整个贸易网络的商品供应。作为"一带一路"主要的粮食和能源生产和出口大国，正在发生的俄乌冲突使得俄罗斯陷入不稳定状态，有可能引发局部的粮食和能源产业链和供应链中断，给部分粮食和能源进口依赖程度高的国家带来严重的供应安全危机，并影响整个贸易网络的脆弱性。因此，一方面需要优化"一带一路"能源和粮食贸易网络结构，促进能源和粮食供应来源多元化和分散化，提升贸易网络韧性；另一方面，需增强"一带一路"沿线国家粮食和能源的生产和储备能力，并探索可再生能源发展潜力和不同类型粮食的互补潜力。